RECVEIL

DE TOVS
LES EDICTS,
DECLARATIONS,
ET LETTRES DE IVSSION.

Donnez à S. Germain en Laye, la presente année 1667.

Et verifiez, tant en Parlement, sa MAJESTÉ y seant en son lit de Iustice, qu'aux Chambres des Comptes, & Cour des Aydes, le 20. Avril audit an.

Auec vn Indice, au dernier du present Liure, pour trouuer facilement tous lesdits Edits, Declarations, & Lettres de Iussion.

A LYON,

Chez ANTOINE IVLLIERON Imprimeur ordinaire du Clergé, & de la Ville, ruë raisin, à l'Enseigne des deux Viperes.

M. DC. LXVII.

EDICT DV ROY,

Pour la reünion de ses Domaines.

OVIS PAR LA GRACE DE DIEV ROY DE FRANCE ET DE NAVARRE; A tous presens & à venir, Salut. Bien que nous ayons pourveu au soulagement de nos Sujets par de notables décharges dans vn temps où les dissipations passées, les grands remboursemens que nous auons faits des deniers les plus clairs de nostre Tresor Royal, & les autres Charges de nostre Estat, sembloient ne nous le pouuoir pas permettre ; neanmoins l'amour paternel que nous auons pour eux, nous sollicite continuellement de leur accorder de nouuelles graces. Mais comme l'alienation des reuenus ordinaires de l'Estat a necessité les Roys nos prédecesseurs de recourir à des impositions extraordinaires, dont nos Sujets ont esté surchargez ; aussi quelque desir que nous ayons de les en soulager, il seroit difficile que dans la joüissance de nos reuenus & le dégagement du patrimoine de nostre Couronne, nous pûssions leur faire ressentir l'effet de nos bonnes intentions. C'est pour y parvenir, que nous auons supprimé tant de constitutions de nouuelles Rentes, & de Droits de toute nature, alienez pour des sommes immenses, & remboursé le tout du fonds de nôtre Tresor Royal, quoy que la dissipation en fust notoire, & que l'Estat n'en eust pas esté secouru. Mais au milieu de ces bonnes dispositions, l'ouvrage demeureroit imparfait, si ces alienations estant supprimées, & le remboursement fait, nous n'entreprenions de l'achever, en rentrant dans le Patrimoine sacré de nostre Couronne, pour en joüir, & trouver par ce moyen dequoy soulager considerablement nos Peuples. C'est par ces considerations, que nous avons pris resolution de faire le rachat de tous nos Domaines, à

mesure

mesure que l'estat de nos affaires, & celuy de nos Finances le pourront permettre. Et bien qu'à cet effet, attendu l'abus visible & notoire qui a esté fait depuis trente ou quarante années des reventes & augmentations de Finances, qui ont esté données aux Engagistes, sans qu'il en soit entré aucuns deniers dans nos coffres, nous pussions nous remettre de plein droit en possession de nosdits Domaines, sauf à faire le remboursement desdites Finances, avec les interests du jour de la dépossession, à mesure que lesdits Engagistes rapporteroient les Titres de leurs engagemens; neantmoins comme nostre intention est de rentrer dans nos Domaines, en gardant toutes les formes & solemnitez, & remboursant aux Engagistes & Détenteurs d'iceux, la Finance qu'eux ou leurs Autheurs auroient valablement & actuellement payée; aussi nous auons estimé qu'il estoit à propos pour prévenir & resoudre toutes les difficultez qui pourroient naistre pour raison de ce, d'établir par vne Déclaration expresse, les differentes qualitez de nôtre Domaine, regler les conditions du remboursement, & la forme de la réünion, suiuant les maximes prescrites par les Ordonnances, Reglemens, Coûtumes, & vsages de nostre Royaume. A CES CAVSES, apres auoir fait examiner en nostre Conseil les Edits, Ordonnances, Declarations, Arrests & Reglemens concernant nôtre Domaine, & pris vne entiere connoissance d'iceluy, & des droicts qui nous appartiennent; de l'aduis de nostredit Conseil & de nostre certaine science, pleine puissance, & authorité Royale, NOVS auons par le present Edit perpetuel & irreuocable, dit, statué & ordonné; & par ces presentes signées de nostre main, disons, statuons & ordonnons, voulons & nous plaist:

QVE tous les Domaines alienez à quelque personnes, pour quelques causes & depuis quelque temps que ce soit, (à l'exception toutefois des dons faits aux Eglises, Doüaires, Appanages & Eschanges faits sans fraude ny fiction, en consequence d'Edits bien & deuëment verifiez) seront & demeureront à toûjours reünis à nostre Couronne, nonobstant toute pretention de prescription & espace de temps, pendant lequel les Domaines & droits en pourroient auoir esté separez, sans qu'ils en puissent estre cy-apres distraits ny alienez pour tout ou partie, pour quelque cause que ce puisse estre; si ce n'est pour appannage des enfans masles puisnez de France, & à la charge dereuersion le cas escheant.

LE

* Le Domaine de noftre Couronne eft entendu celuy qui eft expreffement confacré, vny & incorporé à noftredite Couronne, ou qui a efté tenu & adminiftré par nos Receueurs & Officiers par l'efpace de dix années, & eft entré en ligne de compte : & à cét effet, la preuue de la qualité defdits Domaines pourra eftre faite par des extraits d'Edicts, d'Arrefts, Declarations, Reglemens, Comptes & Regiftres de la Chambre de nos Comptes, Papiers Terriers, Foys, Hommages, Aueûs, Denombremens, Baux à Ferme, Partages, & autres Actes concernant les Domaines, qui feront tirez des Greffes de nos Parlemens, Chambres de nos Comptes, Baillages & Senechauffées, Bureaux des Threforiers de France, du Trefor, & autres.

Tovs Detenteurs de nos Domaines à quelque titre que ce puiffe eftre, feront tenus d'en rapporter pardeuant les Commiffaires qui feront par nous deputez, les Contracts & autres pieces iuftificatiues de leur droit ; enfemble les Quittances de Finance qui aura efté par eux payée pour raifon de leurs Engagemens, pour leur eftre pourueû fur leur rembourfement, ainfi qu'il appartiendra : autrement, & à faute de ce faire dans le temps qui leur fera prefcrit par lefdits Commiffaires, fera par eux procedé à la reünion defdits Domaines, ainfi qu'il appartiendra.

Les Commiffaires qui feront par nous deputez, en procedant à la reünion de nos Domaines, & liquidation de la Finance des Engagiftes d'iceux, n'auront aucun égard aux Dons & Conceffions defdits Domaines, pour quelque caufe & pretexte qu'ils ayent efté faits, lefquels nous auons caffez, reuoquez & annullez, conformément aux anciennes Ordonnances.

Cevx qui auront continué la jouïffance de nos Domaines au delà du temps porté par leurs Dons & Conceffions, ou qui n'auront fatisfait aux charges & conditions d'icelles, feront pareillement condamnez à la reftitution des fruits, à compter du iour que le temps de la Conceffion aura efté expiré, fuiuant l'eftimation qui en fera faite, & à fatisfaire aux charges & conditions d'icelles.

Les Detenteurs des Domaines qui ne rapporteront aucuns Titres de leurs Engagemens, ou n'en rapporteront point de valables, feront tenus de reftituer les fruits qu'ils en auront perçeûs pendant leur jouïffance, & celle de leurs predeceffeurs : Et ne pourra la Poffeffion quelque longue qu'elle foit, fupléer le Titre, ou couurir le vice d'iceluy,

celuy, ny empécher la reſtitution des fruits de la jouïſſance entiere.

Neantmoins les Tiers Detenteurs qui auront poſſedé les Domaines de bonne foy, feront déchargez de la reſtitution des fruits, pourueu qu'ils ne conſtent pas, apres qu'il leur aura eſté monſtré que les biens ſont Domaniaux ; & en cas de conteſtation, ils reſtituëront les fruits de leur temps : Et quant à leurs Auteurs qui n'auront point de Titres vablables, feront tenus de reſtituer les fruits des années precedentes, ainſi qu'il eſt cy-deſſus porté.

Les Engagiſtes de nos Domaines & droits Domaniaux, qui s'en feront rendus adjudicataires à prix d'argent, ſans fraude, & en vertu d'Eſdits bien & deuëment regiſtrez dans les Compagnies, n'en pourront eſtre depoſſedez, que moyennant le rembourſement actuel qui leur ſera fait de leur veritable Finance, frais & loyaux couſts, impenſes, & meliorations vtiles & neceſſaires faites par authorité de Iuſtice.

A cét effet, les Engagiſtes feront tenus de repreſenter pardeuant noſdits Commiſſaires les procez verbaux faits par les Officiers lors deſdits Engagemens, de l'eſtat des Chaſteaux, Fermes, Maiſons, Manoirs & autres Baſtimens, Terres & choſes en dependantes, auec le procez verbal d'eſtimation des reuenus deſdits Domaines ; enſemble les Contracts & Titres de leurs Engagemens, leurs Quittances de Finance ; pour eſtre ſur le tout procedé à la liquidation d'icelle, ainſi qu'il appartiendra.

Ceux qui ſe trouueront en poſſeſſion des Terres vaines & vagues, Landes, Marais, Eſtangs, Communes, & autres Domaines baillez & concedez à deniers d'Entrée, à Cens, Rentes & Redeuances par infeodation, à perpetuité, à temps, ou à vie, ou autrement, comme auſſi les detenteurs des Boutiques, Eſchoppes & places baillées par Baux Amphiteotiques, feront tenus de repreſenter les Titres & Baux de leurs conceſſions ; pour eſtre pourueû à leur rembourſement, augmentations, impenſes & meliorations, ou les y maintenir & conſeruer, ainſi qu'il ſera jugé par noſtre Conſeil, au rapport de noſdits Commiſſaires.

En rapportant par les Detenteurs les Titres de leurs Engagemens, feront pareillement tenus ceux qui auront eſté chargez par iceux d'acquiter des charges Locales, Fiefs, & Aumoſnes, d'en repreſenter l'eſtat auec les Quittances, pour eſtre leſdites charges par nous acquittées, ſi fait n'a eſté, & eſtre les payemens qui en feront faits imputez

putez & précomptez fur la Finance , qui appartiendra aufdits Engagiftes.

Novs pourrons rentrer dans nos Domaines échangez , en rendant les autres biens & droits qui nous auront efté donnez en échange , lors que nous aurons fouffert lezion enorme , ou que l'eualuation defdits Domaines aura efté faite fans les formalitez requifes, par
fraude , fiction , & contre les Edits & Declarations concernant les
Domaines. Et à cét effet , feront tenus lefdits Proprietaires par échange , d'en rapporter les Titres auec les Enqueftes , procedures & procez verbaux d'eualuation, pour en eftre fait , fi befoin eft , vne nou-
velle des chofes échangées de part & d'autre , eû égard au temps que
les échanges auront efté faits.

Ov les Engagiftes de nos Domaines ne rapporteront aucuns procez verbaux d'eftimation en bonne forme de l'eftat des lieux , lors de
l'engagement ; fera fait enquefte dudit eftat, des plus anciens habitans
des lieux, & de gens à ce connoiffans; pour, ladite enquefte rapportée
en noftre Confeil , eftre ordonné ce que de raifon.

Lesdits Engagiftes qui auront deterioré les lieux, feront tenus
de les reparer.

En procedant à la liquidation de la Finance des Engagiftes , les
Dons, Gratifications , Penfions , Gages , Appointemens, Arrerages
d'iceux , & toutes autres Finances , de quelque qualité qu'elles puiffent eftre , en feront rejettées , & n'entreront en liquidation que les
deniers comptans que les Engagiftes iuftifieront auoir actuellement
payez dans nos coffres, en quelques termes, ou pour quelques caufes
que les quittances foient conçeuës.

Sera loifible de faire preuue que la Finance portée par icelles, n'aura pas efté actuellemét payée en nos coffres,& qu'il aura efté employé
dans lefdites Quittances des Remifes, Dons, Arrerages de Penfions,
Gages , Appointemens , Recompenfes, Acquits, Patentes , & autre
mauuaife Finance : A laquelle preuue , pourront feruir les extraits
tirez des regiftres de l'Efpargne , Ordonnances , Eftats de menu de
comptant, & autres papiers de l'Efpargne , regiftres & comptes des
Chambres de nos Comptes , & de tous autres actes.

Cevx qui fous noms interpofez auront de nouveau fait publier
& mis aux encheres nos mefmes Domaines, dont ils auront efté engagiftes, & s'en feront rendus adiudicataires, foit fous leurs noms, ou

fous

ſous noms empruntez , ſeront & demeureront decheûs de tous rembourſemens portez par les contracts de nouvelles adiudications, quelques Quittances qu'ils en rapportent ; & n'entrera en liquidation que
la Finance du premier engagement. Ce qui aura pareillement lieu
contre les Engagiſtes, qui rapporteront des contracts de ſeconde ou
pluſieurs reuentes & adiudications faites en vertu d'vn ſeul & meſme
Edict ; ſi ce n'eſt qu'ils iuſtifient leurs encheres auoir eſté forcées, &
en auoir mis en nos coffres actuellement les deniers.

Les Engagiſtes de nos Domaines , dans l'eſtenduë deſquels ſe
trouvent des Bois de haute-fuſtaye , en rapportant les Titres de leurs
Engagemens, ſeront pareillement tenus de repreſenter les procez verbaux de viſitation deſdits Bois, faits lors des Engagemens d'iceux par
les officiers des eauës & foreſts : Autrement ſera informé de l'eſtat
auquel eſtoient leſdits Bois de haute-fuſtaye, & des anciens enten-
dus ſur le fait deſdites degradations , pour, l'information rapportée ,
y eſtre pourveû , ainſi qu'il appartiendra.

Les Engagiſtes qui auront abbatu nos Bois de haute-fuſtaye,
ſans nos Lettres Patentes bien & deuëment regiſtrées , & contre les
deffences portées par nos Ordonnances , ou auancé les coupes des
taillis , ruiné ou degradé les Foreſts & Bois de noſtre Domaine, en
quelque ſorte & maniere que ce puiſſe eſtre , ſeront tenus , outre la
reſtitution de la valeur & profit d'icelle , ſuivant la iuſte eſtimation,
de payer les dommages & intereſts.

L'estimation de nos Foreſts & Bois de haute-fuſtaye, qui
auront eſté coupez , ou degradez , ſera faite ſelon la plus haute valeur,
à laquelle ils auroient pû môter, s'ils n'auoient point eſté coupez auant
le temps , ſans que les reuentes qui pourroient auoir eſté faites des
Domaines, depuis la coupe & degradation deſdits Bois , en puiſſent
empécher la recherche & la reſtitution, qui nous ſera faite par ceux
qui auront fait leſdites coupes & degradations ; le tout ſuivant le rapport qui en ſera fait par les anciens habitans des lieux , & au dire de
gens à ce connoiſſans.

Lesdits Engagiſtes qui auront joüy de la coupe des taillis re-
crûs ſur les Bois de haute-fuſtaye qui auront eſté coupez ou degradez depuis leur premiere adiudication , ſeront tenus de nous rendre
& reſtituer le prix prouenu deſdites coupes, dont ils raporteront la iu-
ſtification en bonne forme : ſinon la liquidation en ſera faite au dire
d'experts

d'experts & gens à ce connoiſſans, ſur le plus haut prix que leſdits taillis auront eſté vendus pendant le temps de leur jouyſſance, ſans que
les reuentes faites depuis leſdites coupes puiſſent empécher la reſtitution.

Si leſdites alienations ſe trouvent faites au prejudice & contre
les termes des Edits & Declarations bien & deuëment regiſtrées, que
les contracts ſoient frauduleux, les quittances defectueuſes, ou les
adiudications vicieuſes, pour quelque cauſe que ce puiſſe eſtre, les
Commiſſaires par nous deputez en ordonneront incontinent la reünion, ſauf à les rembourſer ſuivant qu'ils iuſtifieront apres leur depoſ-
ſeſſion par de bons & valables Titres.

Cevx qui donneront avis & fourniront memoires de nos Domaines vſurpez ou alienez dont n'aura eſté fait aucun eſtat, auront le
dixiéme de ce qui nous en reuiendra, dont ils ſeront actuellement &
preferablement payez, ſuivant la liquidation qui en ſera faite par noſdits Commiſſaires.

Et à l'effet de ce que deſſus, Voulons qu'en rapportant par le
Garde de noſtre Treſor Royal, ou autres qui pourront faire leſdits
rembourſemens, les Quittances de Finance, Contracts & autres Titres de leurs Engagemens, & les liquidations qui en ſeront faites par
leſdits ſieurs Commiſſaires, auec la Quittance deſdits Engagiſtes, la
dépence en ſoit paſſée en leurs comptes, ſans obliger leſdits proprietaires & poſſeſſeurs deſdits Domaines de rapporter aucuns avis
ny verification de Finance de nos Chambres des Comptes, dont nous
les avons diſpenſez & diſpenſons par ces preſentes. Si DONNONS
EN MANDEMENT à nos amez & feaux Conſeillers les Gens tenans noſtre Cour de Parlement à Paris, que ces preſentes ils ayent
à regiſtrer, & le contenu en icelles faire garder & obſeruer de point
en point ſelon ſa forme & teneur, nonobſtant tous Edits, Declarations, Arreſts, Reglemens, & autres choſes à ce contraires, auſquelles nous avons dérogé & dérogeons par ces preſentes. Car tel eſt
noſtre plaiſir. Et afin que ce ſoit choſe ferme & ſtable à touſiours,
Nous avons fait mettre noſtre Seel à ceſdites preſentes données à S.
Germain en Laye au mois d'Avril l'an de grace mil ſix cens ſoixante
ſept, & de noſtre regne le vingt-quatriéme. Signé, LOVIS. Et plus
bas, Par le Roy, DE GVENEGAVD.

C

Et

Et à costé, *Visa*, S E G V I E R : Et plus bas, *Pour seruir aux Lettres de Declaration en forme d'Edict pour la reünion des Domaines, engagez, alienez, ou vsurpez.*

Leu , publié , Regiſtré ; oüy , & ce requerant le Procureur General du Roy , pour eſtre executé ſelon leur forme & teneur. A Paris , en Parlement , le Roy y ſeant en ſon lit de Iuſtice , le vingt d'Auril ſix cens ſoixante ſept.

Signé, D V T I L L E T.

Leu, publié & Regiſtré en la Chambre des Comptes, oüy, & ce requerant le Procureur General du Roy de l'ordre de ſa Majeſté , porté par Monſieur ſon frere vnique Duc d'Orleans , venu exprés en ladite Chambre , aſſiſté du ſieur du Pleſſis Praſlain Mareſchal de France , & des ſieurs Daligre & Hotman Conſeillers d'Eſtat , le 20. iour d'Auril 1667.

R I C H E R.

Collationé aux Originaux par moy Conſeiller Secretaire du Roy , Maiſon Couronne de France , & de ſes Finances.

DECLARATION DV ROY,

Portant établiſſement d'vne Chambre d'Audiance
au Parlement de Paris.

Donnée à S. Germain en Laye le 18. Avril 1667.

OVIS par la grace de Dieu Roy de France & de Nauarre, A tous ceux qui ces preſentes Lettres verront, SALVT.
Nous auons par noſtre Declaration ſur l'abreuiation de la
procedure ciuile, ordonné que toutes affaires de quelque
qualité qu'elles ſoient, ſeront portées à l'Audiance. Mais
comme ce Reglement pourroit, en diminuant le nombre des procez,
augmenter celuy des cauſes d'Audiance, principalement en la grande
Chambre de noſtre Parlement de Paris, qui en eſt deſia ſurchargée ;
& voulant en faciliter l'expedition, en attendant que nous y ayons
pourueû par vn Reglement general & definitif : A CES CAVSES,
de l'aduis de noſtre Conſeil, & de noſtre certaine ſcience, pleine puiſſance, & authorité Royale, Nous auons dit & ordonné, & par ces preſentes ſignées de noſtre main, diſons, ordonnons, voulons, & nous
plaiſt, que pendant le cours de la preſente année, & de la ſuiuante,
ſoient tenuës en la Grande Chambre tous les Lundis, Mercredis, Ieu-
dis, & Samedis de chaque ſemaine, encore meſme qu'aucuns deſdits
iours tombent dans les veilles de Feſtes, des Audiances de releuée
par les trois & quatriéme Preſidents de noſtre Cour de Parlement, qui
ſeruiront chacun ſix mois alternatiuement, huit Conſeillers de la grande Chambre qui changeront de trois mois en trois mois, & quatre de
chacune Chambre des Enqueſtes, Sçauoir deux anciens, & deux de
ceux qui ſeront les derniers receûs, qui changeront auſſi de trois
mois en trois mois, & ſeront pris ſuiuant l'ordre du Tableau, ſçauoir
à la S. Martin, à la Chandeleur, à Paſques, & à la Saint Iean ; pour
iuger toutes les cauſes, où il ſera queſtion ſeulement de la ſomme &
valeur de mille liures, & de cinquante liures de rente, & au deſſous.
N'entendons neantmoins y comprendre les cauſes concernant noſtre
Domaine ou les droits de noſtre Couronne, les matieres Beneficiales

ou

ou de difcipline Ecclefiaftique, les appellations comme d'abus, les caufes concernant l'eftat des perfonnes, les qualitez d'heritier, & de Com-
mune, les Droits Honorifiques, les Domaines, les Duchez & Pairies,
les Reglemens entre les Officiers, ceux de Police, tant generale que
particuliere, & des Corps & Communautez qui ont leurs caufes commifes en la Grande Chambre & les Requeftes ciuiles. Lefquelles Audiances feront ouvertes à deux heures precifément, & finiront à quatre, depuis la Saint Martin jufques au Carefme, & depuis le Carefme
iufques au quatorziéme Aouft finiront à cinq heures : & fera la premiere & derniere des Audiances tenuës par noftre premier Prefident,
& les Rolles des caufes qui devront y eftre plaidées, par luy faites en
la maniere ordinaire.

Deffendons aux Procureurs de mettre ny employer d'autres caufes, ny d'interuertir l'ordre des Rolles, foit par aduenir, Placets, ou
aduances fur les Rolles, ny d'y en faire adjoufter aucunes, & au premier
Huiffier d'appeller les caufes par Placet; le tout à peine d'interdiction
contre les Procureurs & Huiffiers contreuenans.

Deffendons aufdits Procureurs de mettre à aucun autre Rolle ordinaire ou extraordinaire, ny de pourfuiure par Placet les caufes de
mille livres ou de cinquante livres de rente & au deffous, à peine de
cinq cens livres d'amande, & d'interdiction de leurs charges pour fix
mois. Voulons auffi que les caufes ne puiffent eftre appointées par
aucun Reglement general fur le rolle, ny en quelqu'autre forte ny
maniere que ce foit, fi ce n'eft que l'appointement ait efté prononcé
à l'Audiance à la pluralité des voix, la caufe venant à tour de rolle, à
peine de nullité de toute la procedure, & des Arrefts qui interuiendront fur les Appointemens, d'interdiction contre le Procureur qui
aura leué l'Appointement, & de cent liures d'amende. Et voulons,
nonobftant les Appointemens qui auront efté expediez, & Arrefts
mefme définitifs qui feroient interuenus, que la Partie puiffe mettre
fa caufe au rolle, pour y eftre plaidée, fans qu'il foit befoin d'obtenir
Requefte ciuile contre les Arrefts, que nous auons dés à prefent de-
clarez nuls & de nul effet; & pour les Appointemens des caufes exce-
dant mille livres, qui feront mifes aux autres rolles, Voulons qu'il en
foit vfé comme par le paffé. Toutes les caufes qui feront appointées
aufdites Audiances de relevée feront jugées aux Enqueftes, & diftri-
buées en la mefme forme que les procés par efcrit. Les Prefidens &
Confeiller

Conseillers qui tiendront les Audiences de relevée, ne pourront avant ny aprés, juger aucun procez, ny instance, ny donner des Arrests sur Requeste, ny des Audiences particulieres pour l'instruction, à peine de nullité. Et pour rendre nos Presidens & Conseillers plus assidus aux Audiences, ne pourront assister les apresdisnées aux jugemens des procés des Commissaires, pendant le temps qu'ils seruiront ausdites Audiences. Aux Audiences de relevée, les Ducs & Pairs, Conseillers d'honneur, Maistres des Requestes, & autres nos Officiers qui ont sceance en la Grande Chambre de nostre Cour de Parlement, pourront y entrer, avoir sceance & voix déliberatiue. Le profit des congez & defauts qui seront donnez à tour de rolle, seront iugez sur le champ; & où les defauts n'y pourroient estre iugez, l'Arrest qui prononcera defaut, portera que pour en juger le profit, la Partie mettra dans trois iours ses pieces és mains d'vn des Conseillers des Enquestes seruant en ladite Chambre & estant actuellement à l'Audience, dont le nom sera inseré dans l'Arrest, ainsi qu'il se pratique pour les Appointemens à mettre. Seront lesdits defauts iugez trois jours aprés la signification de l'Arrest interuenu à l'Audience, sans qu'il soit besoin d'autre procedure, ny de produire au Greffe, & seront les pieces de la Partie qui aura obtenu le defaut, mises és mains du Conseiller Rapporteur, & le defaut par luy iugé aux Enquestes sans épices. SI DONNONS EN MANDEMENT à nos amez & feaux Conseillers les Gens tenans nostre Cour de Parlement à Paris, que ces presentes ils ayent à registrer, & le contenu en icelles executer selon leur forme & teneur. CAR tel est nostre plaisir. En témoin dequoy nous auons fait mettre nostre Seel à cesdites presentes, données à S. Germain en Laye, le 18. iour d'Avril l'an de grace 1667 : & de nostre regne le vingt-quatriéme. Signé, LOVIS. Et plus bas, Par le Roy, DE GVENEGAVD.

Leuës, publiées, registrées, oüy, & ce requerant le Procureur General du Roy, pour estre executées selon leur forme & teneur. A Paris en Parlement, le Roy y seant en son lict de Iustice, le 20. Avril 1667.

Signé, DV TILLET.

Collationné à l'original par moy Conseiller Secretaire du Roy, Maison, Couronne de France & de ses Finances.

D   EDICT

EDICT DV ROY,

Portant Suppreſſion de pluſieurs Offices de Finance, & Reglement ſur le fait des Tailles, & autres.

Donné au mois de Mars 1667.

LOVIS par la grace de Dieu Roy de France & de Nauarre: A tous preſens & à venir; SALVT. Comme noſtre principal ſoin eſt de trauailler au ſoulagement de nos Sujets Taillables, pour les mettre en eſtat de payer ſans non-valeurs les Impoſitions que nous mettons ſur eux, & de faciliter le Recouurement de nos deniers, afin de ſatis-faire ponctuellement aux dépences neceſſaires à la conſeruation de cét Eſtat; Nous receuons auec ioye les aduis qui nous ſont apportez contre ceux qui donnent lieu aux plaintes deſdits Taillables, pour y apporter les remedes conuenables. C'eſt ce qui Nous a obligé pour y paruenir de faire reuoir les Reglemens des Tailles, & en meſme-temps d'examiner les Aduis & Memoires à Nous enuoyez de diuers endroits, contre l'eſtabliſſement de pluſieurs Offices, dont la fonction eſt inutile & à charge à noſtre Peuple & à nos Finances, auec les attributions de gages, droicts & exemptions conſiderables, acquiſes pour des ſommes modiques, dont les plus riches & aiſez des Parroiſſes ont ſeuls profité, ayans leué leſdits Offices & attributiós pour iouïr deſdites exemptions à l'oppreſſion des pauures. Ce que ne pouuans plus ſouffrir: A CES CAVSES, de l'aduis de noſtre Conſeil, & de noſtre certaine Science, pleine Puiſſance & Authorité Royale, Nous auons par ce preſent Edict ſigné de noſtre main, perpetuel & irreuocable, reuoqué & ſupprimé, reuoquons & ſupprimons tous les Offices de Commiſſaires & Controlleurs ordinaires des Guerres, les Payeurs de la Gendarmerie de France, les Offices creez ou établis en conſequence de nos Edicts, de 1647. & 1650. aux Compagnies des Mareſchauſſées, les Treſoriers Generaux des Deniers extraordinaires, les Treſoriers & Controlleurs Prouinciaux des Ponts & Chauſſées, les Payeurs & Controlleurs des Gages des Treſoriers de France, ceux des Preſidiaux, ceux des Compagnies du Preuoſt de l'Iſle, Lieutenant Criminel de Robe-courte,

Preuoſt

Preuoft General des Monnoyes , Preuoft general de la Conneftablie, & leurs Controlleurs , les Rentes & Augmentations de Gages affignées fur le Taillon,& ordinaire des Guerres,autres Rentes conftituées fur la Doüanne de Lyon , les augmentations des Gages attribuées en 1635.aux Greffiers & autres,& toutes les attributions faites à plufieurs Officiers employez dans nos Eftats au deffous de cinquante liures. Exceptons & referuons toutefois defdites Suppreffions quarante defdits Commiffaires, & autant de Controlleurs ordinaires des Guerres, dont nous ferons le choix. Et afin de pouruoir au rembourfement de tous les fufdits Officiers, Rentes, Gages, & droicts fupprimez, & autres dont fera cy-apres fait mention; ORDONNONS que les pourueûs rapporteront leurs Lettres de Prouifions,& Quittances de Finances , pardeuant les Commiffaires qui feront à cette fin par Nous deputez , pour apres regler lefdits rembourfemens par des Eftats que Nous arrefterons en noftre Confeil ; fans que pour raifon defdits rembourfemens les particuliers foient obligez d'obtenir des Acquits patents, ny Aduis de Finances , dont nous les auons déchargez & difpenfez, déchargeons & difpenfons par ces prefentes. En attendant lefquels rembourfemens lefdits Officiers proprietaires d'augmentation de Gages & Rentes fupprimez , jouïront de leurs Gages, Droicts & Rentes,fuiuant l'employ qui en fera fait dans nos Eftats ; mefme lefdits Officiers des Marefchauffées prefentement fupprimez de leurs fonctions , fans qu'eux ny les autres Officiers defdites Marefchauffées créez depuis le premier Ianvier 1635 ny les Officiers & Archers du Guet, créez en 1633. puiffent joüir de l'exemption des Tailles, ny les Cheualiers du Guet & leurs Lieutenans, de la qualité d'Efcuyer à eux attribuée par l'Edict du mois de May audit an 1633. VOVLONS, que pour ayder aufdits. rembourfemens des Officiers & Archers des Marefchauffées eftablis en vertu des Edicts de 1647 & 1650, les anciens qui profiteront defdites Suppreffions , y contribuent fuiuant les Eftats qui feront à cét effet arreftez en noftredit Confeil. ENJOIGNONS aufdits Officiers & Archers des Marefchauffées non fupprimez , de tenir leurs Compagnies complettes, & en eftat de bien feruir , à peine de priuation de leurs Gages. Et d'autant qu'en faifant proceder à la recherche des Vfurpateurs du titre de Nobleffe il a efté reconnu qu'au moyen des priuileges de Nobleffe cy-deuant accordez aux Maires, Efcheuins & Confeillers des Villes de Poitiers,Niort,Bourges,Angoulefme, Tours,

Angers,

Angers, Abbeuille & Cognac, il se commet de grands abus, en ce que la pluspart de ceux qui paruiennent ausdites Charges, ne pouuans satisfaire à la dépence qu'il conuient faire pour souftenir cette dignité, estans de mediocre condition, & n'ayans que peu de biens, sont obligez d'abandonner leur comerce & profession ordinaire, & de quitter lesdites Villes pour resider à la campagne, qu'ils peuplent de quantité de pauures Nobles, à la surcharge de nos Sujets Taillables. Pour à quoy remedier, Nous auons reuoqué & reuoquons lesdits priuileges pour l'auenir; VOVLONS que ceux qui en ont ioüy bien & deuëment jusques à present continuënt d'en jouïr, à la charge toutefois que les descendans desdits Maires, Escheuins & Conseillers qui ont exercé lesdites Charges depuis l'année 1600. seront tenus de nous payer les sommes ausquelles ils seront moderément taxez en nostredit Conseil, eu égard à leurs facultez, pour estre confirmez en la jouïssance desdits priuileges, sans estre tenus de prendre Lettres de Nous, dont nous les dispensons. VOVLONS neantmoins que ceux qui renonceront audit titre de Noblesse, soient déchargez du payement desdites Taxes, ce qu'ils seront tenus de declarer aux Greffes des Elsections, six semaines apres la publication des presentes: Et en cas de submission au payement desdites Taxes, qu'ils seront obligez d'y satisfaire dans les termes qui leur seront pour ce prefix, à peine d'estre décheus desdits priuileges. Et ayans esté informez, qu'encore que par les Reglemens des Tailles les Ecclesiastiques ne puissent tenir qu'vne Ferme par leurs mains: Neantmoins aucuns d'eux ont obtenu par surprise des Lettres, par lesquelles il leur a esté accordé d'exploiter tous les heritages qu'ils pourront acquerir, sans payer aucune Taille pour raison de ce, dont les Habitans d'aucunes Parroisses s'étans plaints, Nous auons resolu de leur pouruoir; & pour cét effet Nous auons reuoqué & reuoquons lesdites Lettres, ensemble les Arrests de nos Cours des Aydes donnez en consequence. VOVLONS que lesdits Ecclesiastiques iouïssent seulement de ce qui leur a esté accordé par les Reglemens des Tailles de 1643. & 1664. ainsi qu'il sera dit cy-apres. Et parce que nostre Cour des Aydes iugeant des appellations des cottes d'office faites par les Commissaires départis en nos Prouinces auec les Officiers des Elections, sur les plus riches & aisez des Parroisses, n'en côfirme aucunes, & condamne toûjours les Habitans des Parroisses à faire des rejets, & à des dépens, dommages & interests excessifs, qui les ruinent, & mettent

dans

dans l'impuiſſance de payer leurs Impoſitions ordinaires.Nous voulons qu'en cas d'appel des Iugemens rendus ſur les oppoſitions deſditesTaxes d'office, les appellations ſoient releuées en noſtre Conſeil, pour y eſtre iugées pendant deux années au rapport des Cõmiſſaires queNous deputerons à cét effet , ainſi qu'il ſe pratique pour la Normandie, en conſequence du Reglement du mois d'Aouſt 1664. regiſtré en noſtre Cour des Aydes de ladite Prouince : & cependant ſeront leſdites Taxes payées par prouiſion. Et comme noſtredite Cour des Aydes ſe diſpenſe ſouvent de l'obſeruation des Reglemens , y donnant des explications differentes , principalément pour le fait des Collecteurs des Tailles , NOVS VOVLONS qu'au commencement d'Octobre de l'année qui precedera les Impoſitions , les Habitans de chacune Parroiſſe ſoient tenus d'en nommer de bons & ſoluables dans les formes ordinaires , & que ceux qui pretendront s'en faire décharger ſe pouruoient huict iours apres leurs nominations deuant les Eſleus qui les iugeront à l'Audiance dans le dernier Novembre. Et en cas d'appel , les appellations ſeront iugées par ladite Cour , ſommairement & definitiuement dans le 15. Ianvier enſuivant ; apres lequel temps paſſé les Collecteurs qui ſe trouveront nommez par les Habitans , demeureront & feront leurs Charges. Et où leſdits Habitans auront eſté negligens de nommer des Collecteurs dans le ſuſdit iour dernier Novembre , VOVLONS qu'il en ſoit nommé d'office par leſdits Commiſſaires par Nous départis , auec les Eſleus , ou par leſdits Eſleus ſeuls , en l'abſence deſdits Commiſſaires dans le 15. Decembre, & s'il eſt interietté appel deſdites nominations d'office, que les appellations ſoient iugées difinitiuement par ladite Cour des Aydes dans ledit iour 15. Ianvier , ſinon les nominations d'office tiendront , & ſeront executées , ſans que l'on ſe puiſſe plus pourvoir contre icelles , à peine de nullité. Et d'autant qu'aucuns Eccleſiaſtiques , Gentils-hommes, Cheualiers de Malthe, Officiers priuilegiez & Bourgeois de noſtre bonne ville de Paris , abuſans de la faculté à eux accordée par les Reglemens de 1643. & 1663. de tenir vne Ferme par leurs mains , ſans payer Taille , pour raiſon de ce joignent pluſieurs Fermes en vne , y en ayant tel qui fait exploiter le labour de huict & dix charruës par des gens qui ſe diſent leurs valets,& leſquels neanmoins ſe trouuent ſouuent leurs Fermiers par des Baux ſecrets,ce qui tourne au grand preiudice des pauvres Taillables. NOVS OR-

E   DONNONS

DONNONS que lesdits Ecclesiastiques, Gentils-hommes, Cheualiers de Malthe, Officiers Priuilegiez, & Bourgeois de Paris, ne pourront tenir qu'vne Ferme par leurs mains dans vne mesme Parroisse, & sans fraude; Sçauoir lesdits Ecclesiastiques, Gentils-hommes & Cheualiers de Malthe, le Labour de quatre charruës, & lesdits Officiers Priuilegiez & Bourgeois de Paris, deux charruës chacun, sans qu'ils puissent jouïr de ce Priuilege que dans vne seule Parroisse; & s'ils ont des heritages ailleurs, ils serôt tenus de les bailler à Ferme à gens taillables : Autrement ils seront eux-mesmes cottisez, comme seroit vn Fermier qui exploiteroit lesdits heritages par lesdits Commissaires departis, & Officiers des Elections. DEFFENDONS à nostredite Cour de donner aucuns Arrests contraires à ces presentes, & aux Reglemens precedens, & au Greffier d'icelle d'en déliurer aucunes expeditions, que les noms des Rapporteurs n'y soient inserez, à peine d'interdiction de sa charge; & aux Procureurs Postulans, de presenter aucunes requestes à ladite Cour pour le fait de la Taille, sinon en cas d'appel des Iugemens des Esleus, aussi à peine d'interdiction. Et nous ayant esté remonstré que les Offices de President & de Procureur pour nous en l'Election de Paris sont de grande consideration, ladite Electiõ estant composée de quatre cens trente-quatre Parroisses, & les Officiers d'icelle en possession de connoistre non seulement de la Taille, mais des droits de nos principales Fermes ; & qu'il nous importe que ces deux charges soient remplies de personnes d'experience, de probité, & affectionnez à nostre seruice : Nous avons fixé ledit Office de President à soixante-douze mille liures, & celuy de nostre Procureur & Aduocat possedez par vne mesme personne; Sçavoir le Procureur à cinquante mille liures, & l'Aduocat à quatre mille liures ; sur lequel pied les veufves, enfans & heritiers seront par nous remboursez en cas de mutation ; moyennant quoy nous nous reseruons d'y pourvoir qui bon nous semblera. Et parce qu'au moyen des distractions faites par surprises de certains hameaux du corps des Parroisses dont ils ont esté dependans de temps immemorial, il arriue des nonvaleurs,& autres inconueniens. NOVS VOVLONS que tous lesdits Hameaux soient reünis au corps des Parroisses dont ils ont esté distraits, nonobstant toutes Lettres, Arrests de nostre Conseil, & Sentences des Officiers des Elections donnez depuis le premier Ianvier 1647. ET VOVLANS réstablir vne Election par-

ticuliere

ticuliere à Marennes, l'Eflection en chef eftant à prefent fupprimée par noftre Edict du mois d'Aouft 1661. Nous avons par ces prefentes rétably ladite Eflection particuliere audit lieu de Marennes , & en tant que befoin feroit creé & erigé en titre d'Office , formé vn Efleu particulier , vn Lieutenant , vn Procureur pour Nous , vn Receveur, & vn Greffier, lefques feront chacun an le departement de la fomme de trente-quatre mille liures , à quoy la Taille des Parroif-fes dependantes du Gouuernement de Broüage , & Ifle d'Ofleron a efté cy-deuant abonnée ; lefquels Efleu & Lieutenant connoîtront de tous les differens qui pourront naiftre en execution defdits depar-temens, fauf l'appel en noftredite Cour des Aydes de Paris ; & joüi-ront lefdits cinq Officiers des Priuileges, dont joüiffent bien & deuë-ment ceux qui font pourueûs de femblables Offices aux Eflections particulieres , & de fept cens liures de gages , à prendre fur la leuée defdites trente-quatre mille liures , dont ils feront payez chacun an , fans aucun retranchement par ledit Receueur , fuiuant le fonds qui fera laiffé dans nos Eftats , en vertu des Prouifions que nous ferons expedier à ceux qui leueront lefdits Offices. Et Nous ayant efté re-montré que l'Eflection de Franc-Aleu n'eftant compofée que de tren-te Parroiffes, & que les Officiers font à charge à noftre Peuple ; Nous avons de la mefme authorité que deffus fupprimé & fupprimons ladite Eflection , enfemble les Officiers d'icelle : Ordonnons que lef-dites Parroiffes feront rejointes aux Eflections voifines, fuiuant l'eftat qui en fera arrefté en noftre Confeil, & fera par Nous pourueû au rembourfement defdits Officiers, ainfi qu'il a efté fait pour fembla-bles Eflections fupprimées en confequence de noftre Edict du mois d'Aouft mil fix cens foixante-vn. Si donnons en mandement à nos amez & feaux Confeillers les Gens tenans noftre Chambre des Comptes, & Cour des Aydes à Paris , que le prefent Edict ils ayent à faire lire, publier, & enregiftrer, & le contenu en iceluy garder & ob-feruer de point en point felon fa forme & teneur , fans fouffrir qu'il y foit contreuenu, nonobftant tous autres Edicts, Declarations, Regle-mens & Arrefts, & autres Lettres quelconques à ce contraires , auf-quelles & aux derogatoires des derogatoires y contenuës , Nous auons derogé & derogeons par cefdites prefentes, nonobftant oppofi-tions ou appellations quelconques. Voulons qu'aux copies defdites prefentes, collationnées par l'vn de nos amez & feaux Confeillers Se-

cretaires

cretaires foy foit adiouftée comme à l'Original. Car tel est nostre plaisir. Et afin que ce foit chofe ferme & ftable à toufiours , Nous y avons fait mettre noftre Seel : Donné à S. Germain en Laye au mois de Mars l'an de grace 1667. & de noftre regne le 24. Signé LOVIS , & plus bas, Par le Roy, DE GVENEGAVD, & Seellé du grand fceau de cire verte , en lacs de foye rouge & verte.

Leu , publié & Regiftré en la Chambre des Comptes , oüy, & ce requerant le Procureur General du Roy de l'ordre de fa Majefté , porté par Monfeigneur fon frere vnique , Duc d'Orleans , venu exprés en ladite Chambre , affifté du fieur du Pleffis-Praflain Marefchal de France , & des fieurs d'Aligre & Hotman Confeillers d'Eftat, le 20. iour d'Auril 1667.
    Signé , RICHER.

    Leuës , publiées & regiftrées , du tres-exprés commandement du Roy , porté par Monfeigneur le Duc d'Enguyen Prince du Sang , affifté du fieur d'Eftampes Marefchal de France , & des fieurs Puffort Confeiller ordinaire du Roy en fes Confeils ; & Roüillé auffi Confeiller du Roy en fes Confeils , & Maiftre des Requeftes ordinaire de fon Hoftel : Oüy & ce requerant fon Procureur General, pour eftre executé felon leur forme & teneur ; & ordonne que copies collationnées feront enuoyées és Sieges des Eflections du reffort de la Cour, pour y eftre pareillement leuës , publiées & regiftrées : Enjoint au Subftitut dudit Procureur General du Roy, de faire toutes diligences & requifitions à ce neceffaires , & d'en certifier la Cour au mois. A Paris en la Cour des Aydes , les Chambres affemblées le ving-tiéme iour d'Auril 1667. Signé , BOVCHER.

*   Collationné à l'Original par moy Confeiller ,*
*   Secretaire du Roy, Maifon Couronne de*
*   France , & de fes Finances.*

                EDICT

EDICT DV ROY,

Portant suppression du Presidial de Marennes.

Donné au mois de Mars 1667.

LOVIS par la grace de Dieu Roy de France & de Navarre, à tous presens & à venir, Salut. Nous auons toûjours consideré l'establissement des Presidiaux dans les meilleures villes de nostre Royaume, comme vne marque de l'application singuliere que nos predecesseurs Roys ont ordonnée pour prevenir les desordres qui se glissoient en l'administration de la Iustice : mais comme ce qui paroit le plus juste & le plus vtile, cesse de l'estre lors qu'il excede certaines bornes, & selon le mauuais vsage qu'on en fait ; c'est aussi ce qui est arriué par la multiplicité des Presidiaux qui ont esté creez, dont l'establissement ne doit estre fait suiuant l'Ordonnance de nostre predecesseur Roy Charles IX. de glorieuse memoire, que dans les villes capitales & principaux Baillages & Senechaussées. Ce desordre a esté particulierement causé pendant nostre minorité, & dans le desordre des guerres, par l'avarice de quelques particuliers, qui en ont poursuiui l'establissement en diuers lieux à la charge de nos Finances, & à la foule de nos peuples, trouuans vne grande facilité au debit de ces sortes de Charges de Iudicature, à cause que l'authorité qui les accompagne flatte ceux qui sont en pouuoir d'y paruenir ; & encore qu'ils n'ayent pas les qualitez requises pour y seruir, ny des lumieres suffisantes pour y reüssir, ils preferent cette espece d'éclat aux conditions dans lesquelles ils sont nez, & la douceur d'vne vie oisiue qui se rencontre dans cet employ, à celuy de leurs peres : tellement que plus il y a d'Officiers en nostre Royaume, plus nous trouuons d'obstacles aux intentions que nous auons pour le restablissement du Commerce. Ce mal a mesme passé plus auant, ainsi que nous l'auons reconnu par l'establissement d'vn Presidial au Bourg de Marennes, creé en 1639. & establi pendant nostre minorité, en ce que nous auons esté informez que ce bourg & la pluspart des lieux dépendans dudit Presidial estant voi-

F

sins

fins de la mer Oceanne , nous auoient autrefois fourny nombre de Pilotes experimentez & de bons matelots, au lieu qu'à peine en trouue-t'on à present pour de petits voyages : dont nous ne voyons point d'autre cause que l'establissement dudit Presidial , parce que les plus accommodez se sont fait reuestir des premieres Charges , & que les autres se sont faits Greffiers , Procureurs , Notaires ou Sergens. C'est plûtost par ces raisons que l'establissement dudit Presidial fut differé jusques en 1645. qu'à cause de l'opposition des Officiers de celuy de Xaintes, & de ceux du Siege Royal de Saint Iean d'Angely: les vns & les autres ayant soufferts vn notable prejudice par la distraction de la plus considerable partie de leur Ressort; la perte des premiers alloit jusques à l'aneantissement, dautant que formant le Presidial de Libourne, nous leur auions osté quatre Chastellenies composées de plus de quarante Paroisses , & que conjointement auec ceux-là ils auoient financé à nostre Espargne en l'année 1644. la somme de vingt-deux mille cinq cens liures pour la suppression du Presidial de Coignac. De maniere que joignant à toutes ces considerations les offres qui nous ont esté faites par les Officiers du Presidial de Xaintes , & du Siege de Saint Iean d'Angely , de contribuer la somme de trente-six mil liures, pour partie du remboursement dudit Presidial de Marennes , & de consentir à nostre profit l'extinction de quinze cens quarante-deux liures douze sols d'augmentation de gages , que nous leur aurions attribuez moyennant ladite somme de vingt-deux mille cinq cens liures qu'ils ont cy-deuant financée à nostre Espargne, & dont nous laissions fonds annuellement dans nos Estats pour vne moitié ; & l'vtilité de nos sûjets se trouuant si estroitement liée auec la justice que nous voulons rendre à nos Officiers du Presidial de Xaintes & Siege Royal de Saint Iean d'Angely ; estant d'ailleurs parfaitement informez que ledit Presidial de Marennes est à charge à nos Sujets qui en dependent , Nous nous portons d'autant plus volontiers à le supprimer, que par le moyen desdits offres & des expediens à nous proposez pour rembourser partie desdits Officiers , & de conseruer aux autres la fonction de leurs Offices, sans estre à charge à nos peuples, ny à nos Finances. A CES CAVSES , & autres à ce nous mouuans, de l'avis de nostre Conseil, & de nostre certaine science , pleine puissance & authorité Royale , nous auons par ce present Edit signé de nostre main, perpetuel & irreuocable , esteint & supprimé, esteignons & supprimons ladite Seneschaussée

neſchauſſée & Siege Preſidial de Marennes , auec tous les Officiers qui les compoſent, aux reſerues cy-aprés déclarées ; & en conſequence auons reüny audit Preſidial de Xaintes , & au Siege Royal de Saint Iean d'Angely, toutes les Chaſtellenies , lieux & bourgs qui auoient eſté diſtraits pour l'eſtabliſſement dudit Preſidial, & renuoyé tous les procés ciuils & criminels , & inſtances pendantes indeciſes, du jour de la ſignification des preſentes, audit Preſidial de Marennes , auec l'execution des Sentences renduës par leſdits Officiers , informations, enqueſtes, taxes & liquidations de dépens, dommages & intereſts audit Preſidial de Xaintes , & Siege Royal de Saint Iean d'Angely. Ordonnons que les Officiers dudit Preſidial de Marennes ſeront tenus de remettre les procés ciuils & criminels , & inſtances , qui leur ont eſté diſtribuées aux Greffes, & les Greffiers de les porter , ou enuoyer aux Greffes dudit Preſidial de Xaintes , & dudit Siege Royal de Saint Iean d'Angely, chacun à l'égard du Reſſort dont il joüiſſoit auant l'eſtabliſſement dudit Preſidial de Marennes , ſinon qu'ils y ſeront contrains par toutes voyes deuës & raiſonnables. Faiſons tres-expreſſes inhibitions & defenſes aux pourveûs des Offices dudit Preſidial de Marennes , de s'immiſcer en la fonction deſdits Offices, à peine de faux , & de tous dépens, dommages & intereſts. VOVLONS neantmoins, que pour marque des bons & agreables ſeruices que noſtre cher & bien amé Maiſtre Pierre Chertemps, ſieur de Seuil, cy-deuant Preſident audit Preſidial de Marennes , nous a rendus en pluſieurs emplois importans, il joüiſſe ſa vie durant d'vne place de Preſident honoraire audit Preſidial de Xaintes, pour y auoir ſeance aprés le Lieutenant General, tant en l'Audience qu'en la Chambre du Conſeil, & voix deliberatiue aux procés ciuils & criminels, ſans toutefois qu'il puiſſe pretendre aucuns droits ny emolumens. VOVLONS que les Officiers qui compoſent la Mareſchauſſée de Marennes ſubſiſtent dans l'eſtenduë des gouuernemens de Broüage & Olleron, auec leurs gages ordinaires. ACCORDONS au Preuoſt la faculté de diſpoſer des charges de Lieutenant, Exempt, & Archers, vacantes ou non remplies en ladite Mareſchauſſée, en nous payant la ſomme de ſix mille liures, pour aider au rembourſement des Officiers cy-deſſus ſupprimez. VOVLONS auſſi que les payeurs des gages dudit Preſidial de Marennes demeurent payeurs des gages de ladite Mareſchauſſée, auec les gages à eux attribuez par l'Edit de leur creation, & que trois Huiſ-

ſiers

fiers Audienciers, qui feront par nous choifis, foient referuez, & qu'au lieu de remboursement, ils joüissent de leurs gages, côme ils ont fait cy-deuant, auec pouuoir d'exploiter dans le ressort du Presidial de Xaintes & Siege Royal de Saint Iean d'Angely: Et pour pouruoir au remboursement des Offices de President, Lieutenant General, Lieutenant Criminel, Conseiller, Garde des Sceaux, & Secretaire de la Chancellerie, quatre autres Conseillers, & vn de nos Advocats & Procureurs postulans, qui sont les seuls Officiers en exercice audit Presidial de Marennes; ordonnons qu'il en fera dressé estat en nostre Conseil pour regler les sommes que chacun d'eux deura receuoir du fonds prouenant des trente-six mille liures que lesdits Officiers du Presidial de Xaintes, & du Siege Royal de Saint Iean d'Angely, des six mille liures que ledit Prevoit de la Mareschaussée de Marennes doit payer en nostre Tresor Royal, de deux mille liures qui feront payées par deux desdits Procureurs Postulans audit Presidial de Marennes, que nous choisirons pour estre receûs & exercer en ladite qualité audit Presidial de Xaintes, & le surplus des deniers reuenans bons des gages desdits Officiers du Presidial de Marennes des années dernieres & de la presente. Et quant aux Mes Burgault Lieutenant particulier, & René Verneüil Assesseur audit Presidial de Marennes, Nous leur accordons au lieu de leur remboursement à chacun vn Office de Conseiller au Presidial de Xaintes vacans; sçavoir audit Burgault celuy dont estoit cy-deuant pourueu Me Matthieu Manchin, & audit Verneüil celuy aussi vacant par le decés de Me Iean Ozias Fonteneau; ausquels Offices lesdits Burgault & Verneüil feront receûs & installez sans qu'il leur soit besoin d'obtenir d'autres prouisions que ces presentes, ny prester autre serment que celuy qu'ils ont fait au Parlement de Bourdeaux; lesquels Burgault & Verneüil auront leur rang & seance audit Presidial de Xaintes, du jour de leur installation en celuy de Marennes, si mieux n'aiment lesdits Officiers de Xaintes leur payer à chacun la somme de six mille liures pour remboursement, en fournissant leurs prouisions & demissions pour en disposer par lesdits Officiers de Xaintes, ainsi qu'ils trouueront à propos. Ne pourront lesdits Officiers de Marennes pretendre autre remboursement que celuy porté par l'Estat cy-attaché sous le contreseel de nostre grande Chancellerie, ny ceux qui y feront compris demander autre dédommagement que celuy qui aura esté reglé par iceluy; lesquels remboursemens feront

ront

ront faits en rapportant les lettres de prouifions, quittances de Finance & de marc d'or, entré les mains du Garde du Trefor Royal, ou des porteurs de fes quittances, pour receuoir lefdites fommes deftinées à l'effet defdits rembourfemens. Et quant aux Greffiers dudit Prefidial de Marennes Ciuils & Criminels, leurs Clercs, Controlleurs & Commiffaires aux faifies reelles ; Nous ordonnons qu'ils feront rembourfez fuiuant la liquidation qui en fera faite en noftre Confeil par les Greffiers & Commiffaires aux faifies reelles dudit Prefidial de Xaintes, & Siege Royal de Saint Iean d'Angely ; fi mieux ils n'ayment fouffrir que les Greffiers & Commiffaires aux faifies reelles dudit Prefidial de Marennes participent aux droits & emolumens de leurs Greffes & Charges de Commiffaires aux faifies reelles au fol la liure de l'eftimation qui en fera faite en noftre Confeil : ce qui fera referé aux choix defdits Greffiers & Commiffaires aux faifies reelles de Xaintes. Et en confideration du payement de ladite fomme de trente-fix mille liures par lefdits Officiers dudit Prefidial de Xaintes, & Siege Royal de Saint Iean d'Angely, & de l'abandonnement qu'ils font à noftre profit de la fomme de quinze cens quarante-deux liures douze fols d'augmentation de gages par eux cy-deuant acquife, nous les auons maintenus aux titres & fonctions de leurs Offices, Reffort & Chaftellenies qui en dependent. Et dautant que la maifon où fe tenoit la Seance dudit Prefidial de Marennes n'a pas efté payée, ordonnons que le proprietaire la prendra, en luy payant pour fon dédommagement la fomme de mille liures, outre les loyers qui fe trouueront luy eftre dûs, à prendre fur les gages des Officiers fupprimez, ou fur ceux qui fe trouueront reuenir de bon és mains des payeurs : promettant en foy & parole de Roy, qu'aucune diftraction à l'avenir n'en pourra eftre faite defdits Sieges de Xaintes & Saint Iean d'Angely, ny ladite Senefchauffée & Prefidial de Marennes reftablis, pour quelque caufe ou pretexte que ce foit. SI DONNONS EN MANDEMENT à nos amez & feaux Confeillers les gens tenans noftre Chambre des Comptes à Paris, que ces prefentes ils faffent lire, publier, regiftrer & executer felon leur forme & teneur, & du contenu en icelles faire joüir & vfer lefdits Officiers dudit Prefidial de Xaintes & Siege Royal de Saint Iean d'Angely, nonobftant l'Edit de creation de ladite Senefchauffée & Siege Prefidial de Marennes, lequel nous auons reuoqué & reuoquons, dérogeant à iceluy & aux claufes dero-

G   gatoires

gatoires y portées, & à toutes chofes à ces prefentes contraires. C A R tel eft noftre plaifir. Et afin que ce foit chofe ferme & ftable à toûjours, Nous auons fait mettre noftre Seel à cefdites prefentes , données à Saint Germain en Laye au mois de Mars l'an de grace 1667. & de noftre regne le 24. Signé, LOVIS. Et plus bas, par le Roy, DE GVENEGAVD.

Et à cofté, *Vifa*, SEGVIER : Et plus bas, *Pour feruir aux Lettres patentes en forme d'Edits , portant fuppreßion du Prefidial de Marennes.*

Leu , publié & regiftré en la Chambre des Comptes , ouy , & ce requerant le Procureur du Roy , de l'ordre de fa Majefté porté par Monfieur fon frere vnique Duc d'Orleans , venu exprés en ladite Chambre, aßifté du fieur Dupleßis Praflin Marefchal de France , & des fieurs d'Aligre & Hotman Confeillers d'Eftat le 20. iour d'Auril 1667. Signé, RICHER.

Collationné à l'original par moy Confeiller Secretaire du Roy , Maifon, Couronne de France & de fes Finances.

EDICT

EDICT DV ROY,

Portant fuppreffion des Offices des Grands Maiftres des Eauës & Forefts anciens & alternatifs., & de tous les Offices des Maiftrifes particulieres;à la referue d'vn Me Particulier, vn Lieutenant, vn Procureur du Roy, vn Garde-marteau, vn Greffier, & du nombre de Gardes qùi fera eftably par fa Majefté : Et eftabliffement d'vn Gruyer, & vn Greffier és Forefts & Buiffons trop éloignez des Sieges des Maiftrifes.

Donné à S. Germain en Laye, au mois d'Auril 1667.

LOVIS par la grace de Dieu Roy de France & de Nauarre, A tous prefens & à venir, SALVT. Comme il n'eft rien qui foit plus expofé aux defordres de la guerre que les Bois & les Forefts, auffi n'y a-t-il point de Domaine qui merite plus iuftement les premiers foins de la paix : non feulement à caufe qu'il fait vn ornement & vne decoration tres-confiderable dans l'Eftat, mais encore parce que c'eft le plus precieux & le plus commode trefor que la prudence puiffe referuer pour les conjonctures extraordinaires; veu qu'il croift tous les iours infenfiblement par la feule fecondité de la nature, fans aucune diminution du bien des Sujets, & fans mefme qu'ils y contribuent de leurs foins & de leur trauail. C'eft pourquoy ne nous eftans relafchez du progrez & de la profperité de nos armes, que dans l'intention de remplir noftre Royaume de bonnes loix, & de faire fucceder vne iufte reformation à tant d'abus qui le defiguroïent, nous n'eufmes pas fi toft refolu d'arrefter nos victoires par la paix, que nous portafmes nos premieres penfées fur cette facrée portion de noftre patrimoine ; laquelle nous auons trouuée fi degradée, tant par les induës alienations qui en ont efté faites, que par les maluerfacions qui fe font commifes dans les ventes, & dans la diftribution des

chauffages,

chauffages, auffi bien que dans la manutention des vfages, qu'à peine y reftoit-il rien d'entier. Ce qui nous obligea de commettre des per-fonnes de probité & d'experience connuë, pour y eftablir quelque po-lice & quelque difcipline : à quoy s'eftant appliquez, ils ont fait plu-fieurs Reglemens tres-vtiles & neceffaires, lefquels nous auons autho-rifez dans les occafions qui fe font prefentées. Mais ayans efté plei-nement informez par leurs rapports, que tous ces defordres proce-doient principalement de la mauuaife conduite de plufieurs de nos Officiers ; dont les vns auoient manqué de force pour refifter aux ordres qui leur ont efté donnez contre les obligations de leurs char-ges ; les autres de lumiere pour connoiftre leur deuoir ; & les autres enfin de zele, d'application, ou mefme de fidelité ; Nous auons efti-mé que le mal ayant penetré fi auant, il ne reftoit plus d'autre voye pour la guerifon, que de le couper dans fa racine. A CES CAVSES, de l'aduis de noftre Confeil, où nous auons fait mettre cette affaire en deliberation, & de noftre certaine fcience, pleine puiffance, & au-thorité Royale, Nous auons par noftre prefent Edict perpetuel & irre-uocable, efteint & fupprimé, efteignons & fupprimons tous les Offi-ces de Grands Maiftres Enquefteurs & Generaux Reformateurs des Eauës & Forefts de noftre Royaume, anciens & alternatifs ; à la char-ge neantmoins qu'il fera inceffamment pourueû à leur rembourfe-ment fuiuant la liquidation qui en fera faite par les Commiffaires qui feront par Nous à ce deputez fur les Contracts de ventes, Quittances de Finances & autres titres qui leur feront reprefentez, fans que lef-dits Officiers foient obligez de prendre aucun auis de Finances en nos Chambres des Comptes, dont nous les avons difpenfez & dif-penfons par ces prefentes. Voulons & nous plaift que la vifite & re-formation des Eauës & Forefts, vente de Bois de haute-fuftaye, & autres fonctions defdits grands Maiftres foient cy-apres faites par tels des Commiffaires de noftre Confeil, Cours de Parlement, ou autres, qu'il nous plaira nommer à cet effet. Et dautant que la trop grande quantité des Officiers des Maiftrifes particulieres, au lieu d'appor-ter de l'vtilité à noftre feruice, fe trouve fouvent nuifible à la conferuation des Forefts, chacun defdits Officiers ayant vne con-duite differente & vn deffein particulier, qui ne fe peut accommo-der avec la maniere vniforme qu'il feroit neceffaire d'obferuer pour le bien de nos Forefts ; Nous voulons que dorénavant chaque Mai-
ftrife

ſtriſe ſoit compoſée ſeulement d'vn Maiſtre particulier, d'vn Lieute-nant, d'vn Procureur du Roy, d'vn Garde-marteau, d'vn Greffier, & du nombre des Gardes qui ſera par Nous eſtably. Supprimons tous les Officiers qui ſe trouveront outre & pardeſſus ce nombre, à la charge de pourvoir inceſſamment à leur rembourſement en la forme cy-deſſus ; Nous reſeruans la faculté de choiſir & retenir d'en-tre les Officiers anciens & alternatifs, ceux que nous iugerons les plus capables d'exercer leſdites Charges. Et parce que Nous avons eſté pareillement informez qu'il y a des Foreſts & Buiſſons ſi eſloi-gnez des Sieges des Maiſtriſes, que les Officiers deſdites Maiſtriſes ne peuvent que tres-difficilement veiller à leur conſeruation ; Nous vou-lons que dans leſdites Foreſts & Buiſſons eſloignez il ſoit eſtably vn Gruyer, auquel Nous donnons pouvoir de iuger iuſqu'à la ſomme de ſix livres , & duquel les appellations ſortiront au Siege de la Maiſtriſe , dont leſdites Foreſts ſeront dependantes, & vn Gref-fier de ladite Grurie, auſquels Nous ferons expedier des Lettres de prouiſion , portant creation en tant que beſoin ſeroit , & attribu-tion de tels gages & droits que nous verrons eſtre à faire, ſans qu'ils ſoient obligez de Nous payer pour raiſon de ce aucune Finance. SI DONNONS EN MANDEMENT à nos amez & feaux Conſeillers , les Gens tenans noſtre Cour de Parlement de Paris , que ces preſentes ils ayent à faire lire , publier & enregiſtrer , & le contenu en icelles garder & obſeruer , ſans ſouffrir qu'il y ſoit con-treuenu en aucune ſorte & maniere que ce ſoit. CAR tel eſt no-ſtre plaiſir. Nonobſtant tous Edicts, Declarations, Arreſts, & au-tres choſes à ce contraires , auſquelles & aux derogatoires y con-tenuës , Nous avons derogé & derogeons par ces preſentes : Et afin que ce ſoit choſe ferme & ſtable à touſiours , Nous y avons fait mettre noſtre Seel. DONNE' à S. Germain en Laye au mois d'Avril , l'an de grace 1667. & de noſtre Regne le vingt-quatriéme. Signé, LOVIS. *Et plus bas*, Par le Roy, DE GVENEGAVD. Et ſeellées du grand Sceau de cire verte, en lacs de ſoye rouge & verte.

Et à coſté , *Viſa*, SEGVIER. Et plus bas , *Pour ſeruir aux Lettres Patentes en forme d'Edict, portant Suppreſſion des Officiers des Eauës & Foreſts , à la reſerue des Maiſtres particuliers , & autres Officiers y contenus.*

H   *Leu,*

Leu, publié, & Regiſtré ; oüy, & ce requerant le Procureur General du Roy, pour eſtre executé ſelon ſa forme & teneur. A Paris, en Parlement, le vingt Auril mil ſix cens ſoixante-ſept, le Roy y ſeant en ſon lict de Iuſtice.

Signé, DV **TILLET.**

Leu, publié, & Regiſtré en la Chambre des Comptes, oüy, & ce requerant le Procureur General du Roy, de l'ordre de ſa Majeſté, porté par Monſieur ſon frere vnique Duc d'Orleans, venu exprés en ladite Chambre, aſſiſté du Sieur du Pleſſis-Praſlain Mareſchal de France, & des Sieurs Daligre & Hotman Conſeillers d'Eſtat, le 20. iour d'Auril 1667.

Signé, **RICHER.**

Collationé à l'Original, par moy Conſeiller Secretaire du Roy, Maiſon Couronne de France, & de ſes Finances.

EDICT

EDICT DV ROY,

Portant Reglement pour les Droits prétendus par les Seigneurs, au sujet des biens acquis par le Roy, dans leurs Iustices & Censives.

Donné à S. Germain en Laye, au mois d'Avril 1667.

LOVIS par la grace de Dieu Roy de France & de Nauarre : A tous presens & à venir, SALVT. Les acquisitions que nous faisons tous les jours pour l'agrandissement & décoration de nos maisons Royales, mesme pour servir aux Manufactures : & les instances qui nous sont faites par les Seigneurs, dont les heritages par Nous acquis sont mouvans en Fief ou Censiue, de leur payer le droit d'indamnité, tel qu'il est reglé par quelques Coûtumes de nostre Royaume ; Nous ayant obligé de faire examiner en nostre Conseil les anciennes Ordonnances faites par les Roys nos predecesseurs, & les Arrests de nos Cours de Parlement interuenus sur ce suiet : Nous auons resolu de pourvoir par vn Reglement aux Droits que les Seigneurs pourroient prendre pour raison des acquisitions. A CES CAVSES, de l'aduis de nostredit Conseil, & de nostre certaine science, pleine puissance, & authorité Royale, Nous auons dit & declaré, & par ces presentes signées de nostre main, disons & declarons ; qu'encore que Nous pûssions pretendre ne devoir aucun droit d'indamnité pour tous les heritages, & neantmoins desirans favorablement traitter les Seigneurs, voulons qu'outre le droit de Lots & Ventes pour les acquisitions qui seront par Nous faites en leur Censiue, il leur soit constitué vne rente annuelle sur nostre Domaine, telle que les arrerages d'icelle puissent en soixante années égaler la somme à laquelle les Lots & Ventes desdits heritages se trouveroient monter, à raison du prix porté par les Contracts d'acquisition : en sorte que dans le cours de soixante années lesdits Seigneurs Censiers reçoiuent le profit d'vne mutation. Et à l'égard des heritages en Fief, sera ladite rente reglée à raison & sur le pied du cinquiéme denier de l'acquisition, ou autre, tel qu'il est dû

par

par la Coûtume en cas de vente : moyennant lequel dédommagement demeureront lesdits heritages dechargez de tous droits & devoirs Feodaux, de quelque nature & qualité qu'ils puissent estre. Et à l'égard des maisons & heritages qui seront par Nous acquis pour estre démolis & servir à quelqu'vn de nos bastimens, attendu que les Seigneurs dans la Iustice desquels ils se trouvent seront priuez, tant de l'exercice de leur Iustice , que de tous les droits qui en dépendent ; Voulons qu'audit cas , outre le dédommagement cy-dessus par nous accordé aux Seigneurs Feodaux & Censiers, il soit payé aux Seigneurs Hauts-Iusticiers vne rente annuelle sur nostre Domaine, qui sera reglée, en sorte qu'en soixante années ils reçoiuent le vingt-quatriéme du prix sur le pied des contracts qui ont esté ou seront par nous faits ; & seront lesdites rentes payées sans aucune diminution, comme les Fiefs & Aumosnes. Et si les heritages par Nous acquis, estant en la mouvance ou censive d'aucuns Seigneurs, estoient dans la Iustice de nos Preuostez ou Bailliages, ou que les Fiefs qui seront par Nous acquis eussent droit de Haute Iustice, ne sera donné aucun dédommagement pour raison de la Iustice, soit sous pretexte de ressort, ou autrement. Et pour les heritages qui ne seront démolis ny enfermez dans l'enclos de quelques-vnes de nos maisons, il ne sera payé aucun dédommagement pour raison de la Haute Iustice : & pourront les Seigneurs Hauts Iusticiers joüir de leurs droits de Iustices, ainsi qu'ils auroient pû faire auant les acquisitions par nous faites. SI DONNONS EN MANDEMENT à nos amez & feaux Conseillers les Gens tenans nostre Cour de Parlement de Paris, que ces presentes ils ayent à registrer, & le contenu en icelles faire garder & obseruer, cessant & faisant cesser tous troubles & empeschemens qui pourroient estre mis & donnez, nonobstant tous Edits, Declarations, Arrests, Reglemens & autres choses à ce contraires, ausquelles nous avons dérogé & dérogeons par ces presentes. Car tel est nostre plaisir. Et afin que ce soit chose ferme & stable à toûjours, Nous auons fait mettre nostre Seel à cesdites presentes , données à saint Germain en Laye, au mois d'Avril mil six cens soixante-sept, & de nostre regne le vingt-quatriéme. Signé, LOVIS. *Et plus bas*, Par le Roy,

DE GVENEGAVD.

Et

Et à costé, Visa, SEGVIER: Et plus bas, Pour servir aux Lettres patentes en forme d'Edit, portant Reglement des droits qui seront payez aux Iuges, pour l'acquisition qui sera faite par le Roy dans l'étenduë des Seigneurs Hauts Iusticiers.

Leu, publié, registré, oüy & ce requerant le Procureur General du Roy, pour estre executé selon sa forme & teneur. A Paris en Parlement, le Roy y seant en son lit de Iustice, le vingt-Avril mil six cens soixante-sept.

Signé, DV TILLET.

Leu, publié, & registré en la Chambre des Comptes : oüy, & ce requerant le Procureur General du Roy, de l'ordre de sa Majesté porté par Monsieur son Frere vnique Duc d'Orleans, venu exprés en ladite Chambre, assisté des Sieurs Daligre & Hotman Conseillers d'Estat, le vingtiéme jour d'Avril mil six cens soixante-sept.

Signé, RICHER.

Leu, publié & registré du tres-exprés commandement du Roy, porté par Monsieur le Duc d'Enguien Prince du Sang, assisté du sieur d'Estampes Mareschal de France, & des sieurs Pussort Conseiller ordinaire du Roy en ses Conseils, & Roüillé aussi Conseiller du Roy en sesdits Conseils, & Maistre des Requestes ordinaire de son Hostel : oüy, & ce requerant le Procureur General, pour estre executé selon sa forme & teneur : Et ordonné que copies collationnées seront enuoyées ez Sieges des Eslections du ressort de la Cour, pour y estre pareillement leuës, publiées & registrées. Enjoint aux Substituts dudit Procureur General du Roy, de faire toutes diligences & requisitions à ce necessaires, & d'en certifier la Cour au mois. A Paris, en la Cour des Aydes, les Chambres assemblées le 20. jour d'Avril mil six cens soixante-sept.

Signé, BOVCHER.

Collationné à l'original par moy Conseiller
Secretaire du Roy, Maison, Couronne
de France & de ses Finances.

I   EDICT

EDICT DV ROY,

Portant pouuoir aux Communautez de rentrer dans leurs Vsages, auec deffenses de saisir les bestiaux.

Donné à S. Germain en Laye au mois d'Avril 1667.

LOVIS par la grace de Dieu Roy de France & de Nauarre, A tous presens & à venir, SALVT. Entre les desordres causez par la licence de la guerre, la dissipation des biens des Communautez a paru des plus grands. Elle a esté d'autant plus generale que les Seigneurs, les Officiers & les personnes puissantes se sont aisement preualus de la foiblesse des plus necessiteux, que les interests des Communautez sont ordinairement les plus mal soustenus, & que rien n'est dauantage exposé que ces biens, dont chacun s'estime le maistre. En effet, quoy que les Vsages & Communes appartiennent au public, à vn titre qui n'est ny moins fauorable ny moins priuilegié que celuy des autres Communautez, qui se maintiennent dans leurs biens par l'incapacité de les aliener, sinon en des cas singuliers & extraordinaires, & toûjours à faculté de regrés; neantmoins l'on a partagé ces Communes, chacun s'en est accommodé selon sa bienseance, & pour en dépoüiller les Communautez, l'on s'est serui de debrés simulées, & abusé pour cét effet des formes plus regulieres de la Iustice. Aussi ces communes qui auoient esté concedées par forme d'Vsages seulement, pour demeurer inseparablement attachées aux habitations des lieux, pour donner moyen aux Habitans de nourrir des bestiaux & de fertiliser leurs terres par les engrais, & plusieurs autres Vsages en ayant esté alienez, les Habitans estant priuez des moyens de faire subsister leurs familles, ont esté forcez d'abandonner leurs maisons; & par cét abandonnement les bestiaux ont pery, les terres sont demeurées incultes, les manufactures & le commerce en ont souffert, & le public en a receû des prejudices tres-considerables. Et comme l'amour paternel que nous auons pour tous nos Sujets nous fait porter nos soins par tout; que la consideration que nous faisons des vns, n'empesche pas que nous ne fassions reflexion sur les

autres;

autres ; que nous n'auons rien dauantage à cœur que de garantir les plus foibles de l'oppreſſion des plus puiſſans , & de faire trouuer aux plus neceſſiteux du ſoulagement dans leurs miſeres ; nous auons eſtimé que nous ne pouuions employer de moyen plus conuenable à cet effet, que celuy de faire rentrer les Communautez dans leurs Vſages & Communes alienées , & leur donner moyen d'acquiter leurs debtes legitimes. Et d'autant qu'il ſeroit impoſſible de reſtablir la culture des terres & de les ameliorer par les engrais, en laiſſant les beſtiaux ſujets aux ſaiſies de tous les creanciers particuliers ſans diſtinction ; qu'en les exemptant pour vn temps des executions , les debiteurs deuiendront plus accommodez, les terres produiront dauantage, & chacun en receura de notables commodités : A C E S C A V S E S, & autres conſiderations à ce nous mouuans, de l'avis de noſtre Conſeil , & de noſtre grace ſpeciale, pleine puiſſance , & authorité Royale, Nous auons dit & ordonné , & par ces preſentes, ſignées de noſtre main, diſons, ordonnons, voulons & nous plaiſt, Que dans vn mois à compter du iour de la publication des preſentes, les habitans des Parroiſſes & Communautez, dans toute l'étenduë de noſtre Royaume, rentrent ſans aucune formalité de Iuſtice, dans les Fonds, Prez, Paſturages, Bois, Terres, Vſages, Communes , Communaux , droits & autres biens communs par eux vendus ou baillez à baux , à cens ou amphiteotiques depuis l'année 1620. pour quelque cauſe & occaſion que ce puiſſe eſtre , meſme à titre déchange , en rendant toutefois, en cas d'échange, les heritages échangez ; & à l'égard des autres alienations , en payant & rembourſant aux Acquereurs dans dix ans, en dix payemens égaux , d'année en année , le prix principal deſdites alienations faites pour cauſes legitimes & qui aura tourné au bien & vtilité deſdites Communautez , ſuiuant la liquidation qui en ſera faite par les Commiſſaires qui ſeront à ce par Nous deputez, & cependant l'intereſt à raiſon du denier vingt-quatre , qui diminuëra à proportion des payemens qui ſeront faits, ſans que les creanciers des Communautez , meſme ceux qui ſe trouueront creanciers pour raiſon du rembourſement du prix, pour lequel les Communes auront eſté alienées , puiſſent faire ſaiſir leſdites Communes, ny en faire faire bail iudiciaire , ny s'en faire adjuger les fruicts ou la joüiſſance, à quelque titre, ou ſous quelque pretexte que ce ſoit, en Iuſtice, ou par conuention faite auec les Habitans, à peine de perte de leur deub, & de deux

mille

liures d'amende. Voulons qu'à cét effet , les sommes neceſſaires pour leſdits rembourſemens ſoient impoſées & leuées ſur tous & chacuns les Habitans deſdites Communautez & Parroiſſes ; le tout nonobſtant tous Contraſts , Tranſactions , Arreſts , Iugemens , Lettres Patentes veriſiées , & autres choſes à ce contraires : auquel rembourſement Voulons que tous les Habitans des Parroiſſes contribuënt, meſme les exemts & priuilegiez , leſquels à cét effet ſeront taxez d'office par les Commiſſaires par Nous départis dans les Prouinces, à proportion des biens qu'ils ſe trouueront poſſeder dans leſdites Parroiſſes. Deffendons à toutes perſonnes de quelque qualité & condition qu'elles ſoient , & à leurs Fermiers, d'enuoyer leurs beſtiaux paccager dans leſdites Communes, ny de prendre aucune part dans leſdits Vſages , qu'ils n'ayent payé les ſommes , auſquelles ils ſeront compris par leſdits rembourſemens , à peine de confiſcation des beſtiaux , & de deux mille liures d'amende. Et ſeront tenus tous Seigneurs pretendans droiſt de tiers dans les Vſages , Communes & Communaux des Communautez , ou qui en auront fait faire le triage à leur profit depuis l'année 1630. d'en abandonner & delaiſſer la libre & entiere poſſeſſion au profit deſdites Cemmunautez , nonobſtans tous Contraſts, Tranſactions, Arreſts, Iugemens & autres choſes à ce contraires. Et au regard des Seigneurs , qui ſe trouueront en poſſeſſion deſdits Vſages , auparauant leſdites trente années , ſous pretexte dudit tiers , ils ſeront tenus de repreſenter le titre de leur poſſeſſion pardeuant les Commiſſaires à ce deputez , pour en connoiſſance de cauſe y eſtre pourueu : Et en cas que leſdits Seigneurs ſoient & demeurent maintenus dans ledit tiers , ne pourront eux ny leurs Fermiers vſer comme les autres Habitans des paturages, bois, Communes , & autres Vſages, à peine de réünion de la portion qui leur aura eſté aſſignée pour leur triage. Et au moyen de ce que deſſus , Faiſons tres-expreſſes inhibitions & deffences à toutes perſonnes de quelque qualité & condition qu'elles ſoient, de troubler ny inquieter les Habitans deſdites Communautez dans la pleine & entiere poſſeſſion de leurs biens communs, & auſdits Habitans de plus aliener leurs Vſages & Communes , ſous quelque cauſe & pretexte que ce puiſſe eſtre , nonobſtant toutes permiſſions qu'ils pourroient obtenir à cét effet, à peine contre les Conſuls, Eſcheuins, Procureurs Syndics , & autres perſonnes chargées des affaires deſdites Communautez , qui auront paſſé les Contraſts,

ou

ou affifté aux deliberations qui auront efté tenuës à cét effet , de trois mille liures d'amende , au payement de laquelle ils feront folidairement contrains au profit des Hofpitaux generaux des lieux , de nullité des Contracts, & de perte du prix contre les Acquereurs , qui fera deliuré pareillement aufdits Hofpitaux. Et pour traitter d'autant plus fauorablement les Communautez , Nous les auons confirmées & confirmons par ces prefentes dans la poffeffion & joüiffance des Vfages & Communes qui leur ont efté concedées par les Roys nos Predeceffeurs & par Nous ; mefme leur remettons le droit de tiers qui Nous pourroit appartenir dans lefdits Vfages & Communes : Et en confequence deffendons à nos Officiers & à tous autres de demander , pourfuiure , ny faire faire aucun triage à noftre profit pour raifon de ce , fans preiudice des alienátions qui pourroient auoir efté faites dudit tiers à Nous appartenant, en execution de l'Edit de l'année 1619. qui en ordonne l'alienation , ny du droit de tiers , & danger auffi à Nous appartenant dans les Bois & Forefts. Et defirans pouruoir à la conferuation des Beftiaux , Nous auons fait, comme Nous faifons tres-expreffes inhibitions & deffences à tous Huiffiers & Sergens de proceder pendant le temps de quatre années , par voyé de faifie , ny de vendre aucun beftiaux , foit pour debtes de Communautez ou particulieres, à peine d'interdiction de leurs Charges , & de trois mille liures d'amende , applicable moitié à Nous, & l'autre moitié à la partie , & de tous fes dépens, dommages & interefts ; fans prejudice neantmoins du priuilege des creanciers qui auront donné les beftiaux à cheftel , qui les auront vendus, ou qui en auront payé le prix, mefme des proprietaires des Fermes & Terres, pour leurs loyers & fermages fur les beftiaux qui feront fur leurs terres , appartenans à leurs Fermiers ; aufquels il fera loifible de faire proceder par voye de faifie fur les beftiaux, nonobftant lefdites deffences. SI DONNONS EN MANDEMENT à nos amez & feaux Confeillers les gens tenans noftre Cour de Parlement à Paris, que ces prefentes ils ayent à regiftrer , & le contenu en icelles faire executer pleinement & entierement , ceffant & faifant ceffer tous troubles & empefchemens au contraire, nonobftant tous Dons, Edicts, Declarations, Arrefts , Reglemens, Couftumes, Vfages, & autres chofes à ce contraires aufquelles Nous auons dérogé & dérogeons par ces prefentes. CAR tel eft noftre plaifir. Et afin que ce foit chofe ferme & ftable

K   à

à toûjours , Nous auons fait mettre noſtre Seel à ceſdites preſentes, données à S. Germain en Laye, au mois d'Avril , l'an de grace mil ſix cens ſoixante-ſept : Et de noſtre regne le vingt-quatriéme. Signé, L O V I S. *Et plus bas ,* Par le Roy, D E G V E N E G A V D. Et ſeellées du grand Sceau de cire verte, en lacs de ſoye rouge & verte.

Et à coſté, *Viſa ,* S E G V I E R. Et plus bas , *Pour ſeruir aux Lettres Patentes en forme d'Ediſt , portant pouuoir aux Communautez de rentrer dans leurs Domaines alienez.*

Leuës , publiées , regiſtrées , ouy , & ce requerant le Procureur General du Roy , pour eſtre executées ſelon leur forme & teneur. A Paris , en Parlement , le Roy y ſeant en ſon liſt de Iuſtice , le vingtiéme Avril mil ſix cens ſoixante-ſept. Signé , D V TILLET.

Leu , publié , & regiſtré , du tres-exprés Commandement du Roy , porté par Monſieur le Duc d'Anguyen Premier Prince du Sang , aſſiſté du Sieur d'Eſtampes Mareſchal de France , & des Sieurs Puſſort Conſeiller ordinaire du Roy en ſes Conſeils , & Roüillé , auſſi Conſeiller du Roy en ſes Conſeils , & Maiſtres des Requeſtes ordinaires de ſon Hoſtel; Ouy & ce requerant ſon Procureur General , pour eſtre executé ſelon ſa forme & teneur : & Ordonné que Coppies collationnées ſeront enuoyées es Sieges des Elections du reſſort de la Cour , pour y eſtre pareillement leuës , publiées , & regiſtrées. E N I O I N T *aux Subſtituts du Procureur General du Roy de faire toutes diligences & requiſitions à ce neceſſaires , & d'en certifier la Cour au mois. A Paris en la Cour des Aydes les Chambres aſ-ſemblées le* 20. *jour d'Avril* 1667.

Signé, B O V C H E R.

Collationné à l'Original , par moy Conſeiller Secretaire du Roy , Maiſon, Couronne de France , & de ſes Finances.

E D I C T

EDICT DV ROY,

Pour la Suppreſſion des Officiers de la Ferme des Gabelles de Lyonnois, à la reſerue des Huiſſiers.

Et Creation des Offices de Viſiteurs Generaux, leurs Lieutenans,
Procureurs du Roy, Greffiers, & Controlleurs, pour eſtre
departis dans les Greniers de ladite Ferme.

Donné au mois de Mars 1667.

LOVIS par la grace de Dieu Roy de France & de Nauarre : A tous preſens & à venir, SALVT. Nous aurions
par noſtre Edict du mois d'Aouſt 1661. ordonné le retranchement de pluſieurs Officiers créez dans le beſoin preſ-
ſant de nos affaires, plûtoſt pour tirer quelque ſecours
de la Finance de leurs Offices, que par aucune neceſſité de leurs fonctions. Et comme Nous auons déja aſſuré le fonds du rembourſement
des Eleus, & que nos Finances ſont en eſtat de ſupporter commo-
dément celuy des Officiers des Greniers à ſel ; Nous auons reſolu de
commencer par noſtre Ferme des Gabelles de Lyonnois, qui n'eſtant
pas d'vne grande étenduë, eſt compoſée neantmoins en 32. Greniers
à ſel, de 416. Officiers, qui peuuent facilement ſe reduire à vn moin-
dre nombre, dont nos Finances & le public ſeront d'autant ſoulagez :
D'autant plus, qu'outre leurs gages & droits, ils en perçoiuent encore
d'autres par leurs mains, qui rendent le prix des ſels incertain, & apportent beaucoup de retardement à leurs ventes & déliurances. Et
attendu que les pays où s'étend noſtredite Ferme ſont Frontieres
pour la pluſpart des Eſtats voiſins, & que les fraudes qui s'y commet-
tent au prejudice de nos Ordonnances & des droits de noſtre Ferme,
ne ſe peuuent aiſément corriger, par la facilité d'en tirer des ſels, &
d'y trouuer vne retraite aſſeurée contre la recherche & le ſoin de nos
Officiers, qui meſme eſtant reduits à vn plus petit nombre, & ayant vn
reſſort plus étendu, deuiendront plus authoriſez ; ce qui pourroit ſe

faire

faire en diuifant en fept departemens les Greniers & Chambres de noftredite Ferme, & y établiffant des Vifiteurs & leurs Lieutenans, des Procureurs pour Nous, & des Greffiers en pareil nombre, & vn Controleur en chacun Greniers il fera plus facile dans le cours de leurs vifites de pouruoir aux plaintes de nos Sujets, & aux abus qui fe peuuent commettre au prejudice de nos droits, comme il fe pratique depuis long-temps en noftre Prouince de Languedoc, & que Nous l'auons ainfi ordonné en celles de Prouence & Dauphiné : en pouruoyant neantmoins au rembourfement de la Finance des Officiers, tant generaux que particuliers, de l'étenduë de noftredite Ferme : A CES CAVSES, Apres auoir fait mettre l'affaire en deliberation en noftre Confeil, de l'aduis d'iceluy, & de noftre certaine Science, pleine Puiffance & Authorité Royale, Nous auons par ces prefentes fignées de noftre main, éteint & fupprimé, éteignons & fupprimons tous les Officiers établis dans les Greniers & Chambres à fel de noftre Ferme des Gabelles de Lyonnois, Forefts, Beaujolois, Mafconnois, haut Viuareft, pays de Breffe, Bugey, Valromey & Gex dépendans d'icelle : Enfemble les Receueurs generaux, leurs Controlleurs & Payeurs des gages, les Lieutenans Generaux, Conferuateurs Prouinciaux, & Examinateurs defdites Gabelles, & tous autres generalement quelconques fans aucune exception, à la referue des Huiffiers, lefquels Officiers prefentement fupprimez, Nous voulons eftre rembourfez de la Finance de leurs gages & droits, fuiuant la verification & liquidation qui en fera faite par les Commiffaires qui feront à cette fin par Nous deputez. VOVLONS en outre que les droits dont lefdits Officiers fupprimez jouïffoient par leurs mains par diftraction fur le prix du fel, ou par impofition fur chacun minot qui fe vend efdits Greniers & Chambres de la Ferme de Lyonnois & fes dépendances, foient & demeurent à l'auenir joint, vny & incorporé, comme par ces prefentes nous les joignons, vniffons & incorporons au prix de noftre Ferme, pour eftre d'orefnauant, & à commencer du premier Avril prochain, leuez & perceus à noftre profit par les Fermiers defdites Gabelles, & leur Commis, à l'exception neantmoins de deux fols pour minot que nous referuons pour attribuer aux Controlleurs qui feront créez & établis en chacun Grenier de ladite Ferme ; Au moyen dequoy lefdits gages, augmentations d'iceux droits par diftraction & Franc-falé, attribuez aufdits Officiers, demeureront rejettez des Eftats de la diftribution

du

du prix defdites Fermes, qui feront à l'aduenir par Nous expediez. Et
d'autant qu'il eft neceffaire pour rendre la Iuftice à nos Sujets,& pour
l'obferuation & execution de nos Ordonnances , & Reglemens fur le
fait defdites Gabelles, en la conferuation des droits de noftre Ferme ,
de pouruoir d'vn nombre d'Officiers fuffifans,auec l'authorité requife:
Nous auons de la mefme puiffance & authorité que deffus,creé,& erigé, creons & erigeons par le prefent Edict perpetuel & irreuocable, en
titres d'Offices formez;Onze nos Confeillers Vifiteurs Generaux defdites Gabelles de Lyonnois , pareil nombre d'onze nos Confeillers,
Lieutenans defdits Vifiteurs:fept Procureurs pour Nous,& fept Greffiers que nous auons departis dans l'étenduë de ladite Ferme: Sçauoir,
deux Vifiteurs, deux Lieutenans, vn noftre Procureur , & vn Greffier,
qui auront pour leur departement , iurifdiction & vifite tous les Greniers & Chambres, tant de la Ville de Lyon , qu'autres Villes & lieux
de la Prouince de Lyonnois : Pareil nombre de deux Vifiteurs & deux
Lieutenans : vn noftre Procureur, & vn Greffier, qui auront pour leur
departement, Iurifdiction & Vifite , tous les Greniers , Villes & lieux
du païs de Forefts ; vn Vifiteur, vn Lieutenant , vn noftre Procureur ,
& vn Greffier en chacun des Departemens,Vifites & Iurifdictions des
païs de Beaujolois, Mafconnois, & Haut Viuarefts, dependans defdites
Gabelles de Lyonnois : Deux Vifiteurs , deux Lieutenans , vn noftre
Procureur, & vn Greffier pour le Departement, Vifite & Iurifdiction
du païs de Breffe ; & pareil nombre de deux Vifiteurs , deux Lieutenans, vn noftre Procureur,& vn Greffier, pour le Departement,Vifite,
& Iurifdiction des Greniers, Villes, & lieux dependans des païs de Bu-
gey, Valromey, & Gex : Comme auffi nous auons creé & erigé,creons
& erigeons en titres d'Offices formez , trente-quatre nos Confeillers
Controlleurs, pour eftre établis en chacun Grenier des Villes de Lyon
& Chambres en dépendantes, faint Symphorien , fainte Coulombe ,
Condrieu, Chambre de S. Chamont , Grenier de Charlieu, Mombri-
fon,Ceruieres, Roanne, Fœurs , Saint-Bonnet le Chaftel , S. Eftienne,
Bourg-Argental, Ville-franche, Belleville, Beaujeu, Thify, Mafcon, la
Clayette,Cluny, S.Ieangous,Tournus,Tournon & Chãbres en depen-
dantes: Annonay, Beauchaftel, Bourg, & Chambre en dependantes:
Pondevaux, Chambre de Pondevelle, Grenier de Monluel, & Cham-
bres en dependantes: Lagnieu,Bellay, Nantua,Seiffel,& Gex : lefquels
Vifiteurs Generaux , & leurs Lieutenans, Procureurs pour nous &
L   Greffiers,

Greffiers, feront feuls les Vifites ordinaires par tous les Greniers de l'étenduë de leurs Departemens, & connoiftront en premiere inftance de toutes matieres, tant ciuiles que criminelles, contre les Faux-fauniers, & generalement de toutes les malverfations commifes au fait defdites Gabelles, & des contrauentions à nos Ordonnances & Reglemens aux fonctions, honneurs, pouuoirs, exemptions, autoritez, préeminences, prerogatiues, & tout ainfi qu'en jouïffent ceux qui font établis en noftre Prouince de Languedoc, & qu'ils ont accoûtumé d'en jouïr. Lefdits Controlleurs auront vne clef des ferrures & cadenats du Grenier, & Entrepofts de leur établiffement : affifteront aux defcentes des fels, ventes, diftribution qui s'en fera aux peuples : tiendront bon & fidel regiftre, fur lequel ils déliureront leurs certifications des defcentes & ventes defdits fels, toutes-fois & quantes que befoin fera, & fe trouueront à l'ouuerture des Greniers aux iours & heures & en la maniere accouftumée: Et feront lefdits Vifiteurs Generaux, leurs Lieutenans & nos Procureurs, tenus de fe faire receuoir, & prefter ferment deuant les Officiers de nos Cours des Aydes, chacun dans le reffort de leur departement. Et pour le regard defdits Controlleurs & Greffiers, ils feront pareillement tenus de prefter le ferment en la maniere accouftumée pardeuant le Vifiteur general, ou fon Lieutenant, chacun dans fon departement; A tous lefquels Officiers, Nous auons attribué & attribuons pour tous gages & droits : Sçavoir, aux deux Vifiteurs du Departement de Lyonnois, à chacun deux mil quatre cens liures de gages; aux deux Lieutenans defdits Vifiteurs, feize cens liures de gages à chacun; à noftre Procureur audit Departement, feize cens liures; & au Greffier, fix cens liures : Aux deux Vifiteurs generaux du païs de Forefts, deux mille liures chacun; aux deux Lieutenans, mil liures chacun; A nôtre Procureur, douze cens liures; & au Greffier, fix cens liures: Au Vifiteur general du païs de Beaujolois, deux mille liures : au Lieutenant, mil liures : A noftre Procureur, huit cens liures: & au Greffier, quatre cens liures : Au Vifiteur general du païs de Mafconnois, deux mille liures : au Lieutenant, mil liures : à noftre Procureur, huit cens liures, & au Greffier, quatre cens liures. Au Vifiteur general du païs du haut Viuareft, deux mil liures : au Lieutenant, mil liures : à noftre Procureur, huit cens liures, & au Greffier, quatre cens liures. Aux deux Vifiteurs generaux de Breffe, deux mil liures chacun : à leurs Lieutenans, mil liures chacun : à noftre Procureur,

douze

douze cens liures ; & au Greffier, six cens liures. Aux deux Visiteurs generaux de Bugey, Valromey , & Gex, deux mil liures chacun : aux Lieutenans, mil liures chacun : à nostre Procureur douze cens liures , & au Greffier, six cens liures ; le tout de gages par chacune année : Et quant ausdits Controlleurs, Nous leur auons pareillement attribué & attribuons ; Sçauoir , à celuy du Grenier de Lyon & Chambres en dependantes , mil liures de gages , & à ceux des Greniers de Condrieu, Monbrison, Roüanne, Ville-franche , Mascon & Bourg, & Chambres en dependantes , huit cens liures chacun. A ceux des Greniers de S. Symphorien , sainte Colombe , Charlieu, Fœurs, Beaujeu , Thisy , la Clayette, Tournus, Tournon,& Chambres en dependantes : Haumonay, Beauchastel, Pontdeuaux,Chambre de Pontdeuelle,Montluel, & Chambres en dependantes, Lagnieu & Bellay à chacun six cens liures. A ceux des Greniers de Ceruieres, S. Bonnet, & S. Estienne, à chacun cinq cens liures. A ceux des Greniers de Bourg-Argental , Chambre de S. Chamont, Belleuille, Cluny , S. Ieangoux , Nantua & Seissel, à chacun quatre cens liures : Et à celuy du Grenier de Gex , trois cens soixante liures. Comme aussi nous auons attribué & attribuons ausdits Controlleurs chacun dans le Grenier de son establissement, deux sols sur chaque Minot de sel, qui se vendra & debitera dans lesdits Greniers & Chambres,qu'ils pourront receuoir par leurs mains,au fur & à mesure desdites ventes, qui sont les deux sols pour minot, reseruez de ceux reünis par le present Edit qui se perçeuoient par imposition, & dont les Officiers jouïssoient par leurs mains. Et en outre,Nous auons pareillement attribué & attribuons ausdits Officiers pour Franc-salé ; Sçavoir ,à chacun desdits Visiteurs quatre Minots de sel ; & à leurs Lieutenans , nos Procureurs , Controlleurs & Greffiers chacun deux minots de sel par chacun an , dont sera laissé fonds dans les Estats de nosdites gabelles de Lyonnois , & payez sur leurs simples Quittances par nos Fermiers ou leurs Commis à chacun grenier de ladite Ferme , à commencer à joüir desdits gages , droits , & franc-salé , du 1. Avril prochain, dont le fonds sera fait à l'auenir dans les Estats de ladite Ferme, & payé par les mains de nos Fermiers. A tous lesquels Offices créez par le present Edit, sera par Nous pourueu,& cy-apres,vacation arriuant par mort ou resignation de personnes capables , qui en joüiront comme dit est, aux mesmes fonctions,honneurs, pouuoirs,authoritez, préeminences,& prerogatiues, que ceux de la Prouince de Languedoc.

guedoc. Si donnons en mandement à nos amez & feaux les gens de nos Comptes & Cour des Aydes à Paris, que ces presentes ils ayent à faire lire, publier & registrer, & du contenu faire jouïr lesdits Officiers pleinement & paisiblement, sans qu'il y soit contreuenu, nonobstant tous autres Edicts, Declarations, & autres choses à ce contraires : Ausquelles & aux derogatoires des derogatoires y contenuës, Nous auons dérogé & dérogeons par ces presentes : Aux copies desquelles collationnées par l'vn de nos amez & feaux Conseillers & Secretaires, foy sera adjoustée comme à l'Original : Auquel afin que ce soit chose ferme & stable à tousiours, nous auons fait mettre nostre Seel, sauf en autre chose nostre droit, & l'autruy en tout. Donné à S. Germain en Laye au mois de Mars l'an de grace mil six cens soixante-sept, & de nostre regne le vingt-quatriéme. Signé, LOVIS. Et plus bas, Par le Roy, DE GVENEGAVD. Et seellé du grand Seau de cire verte, en lacs de soye rouge & verte.

Et à costé, Visa, SEGVIER: Et plus bas, Pour seruir aux Lettres patentes en forme d'Edits, portant suppression des Officiers des Gabelles de Lyonnois, & creation de Visiteurs en leur lieu & place.

Leu, publié & registré en la Chambre des Comptes, ouy, & ce requerant le Procureur General du Roy, de l'ordre de sa Majesté porté par Monsieur son frere vnique Duc d'Orleans, venu exprés en ladite Chambre, assisté du sieur Duplessis Praslin Mareschal de France,& des sieurs Daligre & Hotman Conseillers d'Estat, le 20. iour d'Auril 1667. Signé, RICHER.

Leuës, publiées & Registrées, du tres-exprés commandement du Roy, porté par Mr le Duc d'Enguyen, Prince du Sang; assisté du sieur d'Estampes Mareschal de France,& des Sieurs Pussort Conseiller ordinaire du Roy en ses Conseils,& Roüillé aussi Conseiller du Roy en sesdits Conseils, & Maistre des Requestes ordinaire de son Hostel : Oüy,& ce requerant son Procureur General, pour estre executées selon leur forme & teneur. Et ordonné que coppies collationnées seront ennoyées és Sieges des Greniers à Sel du Lyonnois, estant du ressort de la Cour, pour y estre pareillement leuës, publiées & registrées: Enioint aux Substituts dudit Procureur General du Roy de faire toutes diligences & requisitions à ce necessaires, & d'en certifier la Cour au mois. A Paris en la Cour des Aydes, les Chambres assemblées, le vingtiéme iour d'Auril 1667. Signé, BOVCHER.

Collationné à l'original par moy Conseiller Secretaire du Roy, Maison, Couronne de France & de ses Finances.

EDICT

EDICT DV ROY,

Portant Defcharge de l'Impoft du Sel dans quelques Parroiffes, auec fuppreffion du Grenier à Sel de Dun-le-Roy.

Donné à S. Germain en Laye, au mois d'Avril 1667.

LOVIS par la grace de Dieu Roy de France & de Navarre, à tous prefens & à venir, Salut. L'amour Paternel que nous avons pour nos peuples, nous follicitant continuellement de trauailler à leur foulagement; Nous avons employé les premiers foins que nous avons donné à la conduite de nos affaires, à moderer les impofitions autant que l'eftat de nos Finances le peut permettre. En effet, bien que la Ferme des Gabelles de France compofe vn de nos plus confiderables & plus affeurez reuenus, Nous n'auons neanmoins point fait de difficulté d'en faire examiner les droits pour les reduire : En forte que dés le mois de Septembre 1663. Nous avons accordé vne diminution de trois livres par chacun minot de fel qui feroit vendu dans tous les Greniers à fel des Generalitez taillables, à commencer du 1. Octobre lors prochain. Et depuis ayant efté informez que le fel qui s'impofoit dans les Greniers d'impoft, pouvoit exceder la quantité dont les contribuables auoient befoin pour la prouifion de leurs maifons; que cet excés leur eftoit fort à charge, & que le foulagement que Nous leur avions accordé, n'eftoit pas fuffifant, Nous nous portâmes bien volontiers à l'augmentation de cette grace : En forte que par deux Arrefts de noftre Confeil, des 6. Novembre, & 4. Decembre mil fix cens foixante-quatre, Nous leur aurions encore accordé la décharge d'environ cent muids de fel, pour eftre regalez dans les Generalitez de Touraine, Bourges & Moulins, fur l'impoft de l'année 1665. & les fuivantes, felon le befoin des Parroiffes du reffort defdites Generalitez : En forte que pour vne feule année, Nous avons remis à perpetuité à nos Sujets fur le prix des fels, tant par ven-

M tes

tes volontaires que d'impofts , vne fomme de 1700000. livres. Mais confiderant bien moins la notable diminution que fouffrira la Ferme de nos Gabelles , de la difference du prix de l'impoft d'auec celuy des ventes volontaires, que le foulagement que recevront les contribuables des Parroiffes defdites Generalitez , par le retranchement des frais d'affiete & collecte , qui leur font caufez par l'impoft ; Nous avons refolu d'en porter encore plus avant les defcharges, & de reuoquer l'impoft en faveur d'aucunes des Parroiffes defdites Generalitez, en leur laiffant la liberté de prendre dans les Greniers les fels qui leur feront neceffaires au prix courant. A CES CAVSES, de l'advis de noftre Confeil , qui a veu lefdits Arrefts des 16. Septembre 1663. fixiéme Novembre , & 4. Decembre 1664. Enfemble le Reglement fait en iceluy , pour raifon defdites Gabelles , du mois de Iuin 1660. dont copies deuëment collationnées font cy-attachées, fous le contrefeel de noftre Chancellerie : Et de noftre certaine fcience , pleine puiffance , & authorité Royale ; Nous avons dit & declaré; & par ces prefentes fignées de noftre main, difons , declarons , voulons & Nous plaift , qu'à commencer au premier iour de Ianvier de l'année prochaine mil fix cent foixante-huit , les Greniers de Tours, Amboife , Chaulmont , Langeais , Neufvy , Chafteauduloir , Bourgevil , Baugé , Bonneftable, Boulloire, la Ferté-Bernard, Montmirail, Nogent le Rotrou de la Generalité de Tours : Ceux de Bourges , Dun-le-Roy, Vierzon, Scelles, & Sancerre de la Generalité de Bourges : Et ceux de Montoires , Vendofme , Mondoubleau , & Saint Calais de la Generalité d'Orleans , foient & demeurent déchargez de l'impoft du fel ; Et que les fels y foient cy-apres diftribuez par ventes volontaires , au prix qu'ils y font prefentement vendus : à la charge que les Habitans des Parroiffes contribuables defdits Greniers , feront tenus de leuer les fels neceffaires pour leur prouifion, vfages & falaifons , conformément aux Articles trois , dix-fept , & dix-huit dudit Reglement du mois de Iuin mil fix cent foixante : Et qu'à faute de ce faire, il foit procedé contr'eux par les voyes y contenuës, pour la reftitution de nos droits des Gabelles. Et attendu que Nous avons efté informez que les Officiers du Grenier à fel de Dun-le-Roy font beaucoup à charge aux Parroiffes en dépendantes ; Nous avons éteint & fupprimé , & par ces mefmes prefentes , éteignons & fupprimons les Officiers dudit Grenier à fel de Dun-le-Roy : Ce faifant,

ordonné

ordonné que les Parroiffes y reffortiffantes, demeureront cy-apres vnies au Grenier à fel de Bourges, pour y reffortir, comme elles faifoient en celuy dudit Grenier à fel de Dun-le-Roy ; fans que lefdits Officiers puiffent eftre cy-apres rétablis, pour quelques caufes, & fous quelque pretexte que ce puiffe eftre. Quoy faifant, il fera pourveu au rembourfement de leur Finance, fuivant la liquidation qui en fera faite par les Commiffaires qui feront par nous à cet effet deputez; fans que lefdits Officiers foient à cet effet tenus d'obtenir aucuns Acquits patents que ces prefentes, ny d'obtenir Advis de Finance en noftre Chambre des Comptes, dont Nous les avons difpenfé & difpenfons. Et defirans pourvoir à l'entier dédommagement defdits Officiers, Voulons & Nous plaift, qu'eux ou leurs vefves & heritiers foient payez de leurs gages & droits, fuivant l'état de fixation qui en a efté arrefté en noftre Confeil le 24. Decembre 1663. fans eftre tenu de payer de droit annuel. Et à l'égard des autres Officiers defdits Greniers à fel, Voulons & Nous plaift, qu'ils foient tenus de refider actuellement aux lieux de leur établiffement ; & qu'à faute de ce faire, il foit commis à l'exercice de leurs charges : Comme auffi que le Grenetier & Controlleur en exercice, enfemble le Commis de l'Ajudicataire des Gabelles, ayent feuls chacun vne clef des Greniers de leur établiffement:Lefquelles clefs lefdits Grenetier & Controlleur, feront tenus de dépofer aux Greffes des Greniers, lorsqu'ils fortiront de leurs exercices, pour eftre baillées & deliurées aux Officiers qui leur fuccederont. SI DONNONS EN MANDEMENT à nos Amez & Feaux Confeillers, les gens de nos Comptes à Paris, que ces prefentes ils ayent à faire lire, publier & regiftrer, & le contenu en icelles garder & obferuer, nonobftant tous Edits, Declarations, Arrefts, Reglemens, & autres chofes à ce contraires, aufquelles Nous avons dérogé & dérogeons par ces prefentes. CAR TEL EST NOSTRE PLAISIR. Et afin que ce foit chofe ferme & ftable à toufiours, Nous avons fait mettre noftre Seel à cefdites prefentes. Données à S. Germain en Laye, au mois d'Avril, l'an de grace 1667. & de noftre regne le 24. Signé LOVIS. Et plus bas, Par le Roy, DE GVENEGAVD.

Et Seellées du grand fceau de cire verte, en lacs de foye rouge & verte.

Eŧŧ

Et au bas est écrit : Leu, publié & Registré en la Chambre des Comptes, oüy, & ce requerant le Procureur General du Roy, de l'ordre de sa Majesté, porté par Monseigneur son Frere vnique, Duc d'Orleans, venu exprés en ladite Chambre, assisté du sieur du Plessis-Praslain Mareschal de France, & des sieurs Daligre & Hotman Conseillers d'Estat, le 20. iour d'Auril 1667.

Signé , R I C H E R.

Leu , publié & registré , du tres-exprés commandement du Roy , porté par Monseigneur le Duc d'Enguyen, Prince du Sang , assisté du sieur d'Estampes Mareschal de France , & des sieurs Pussort Conseiller ordinaire du Roy en ses Conseils,& Roüillé aussi Conseiller du Roy en cesdits Conseils , & Maistre des Requestes ordinaire de son Hostel : Oüy , & ce requerant son Procureur General, pour estre executées selon leur forme & teneur. Et ordonne que copies collationnées seront enuoyées és Sieges des Greniers à Sel du Lyonnois , estant du ressort de la Cour , pour y estre pareillement leuës, publiées & registrées : Enjoint aux Substituts dudit Procureur General du Roy , de faire toutes diligences & requisitions à ce necessaires,& d'en certifier la Cour au mois. A Paris en la Cour des Aydes, les Chambres assemblées le vingtiéme iour d'Auril 1667.

Collationné à l'Original par moy Conseiller Secretaire du Roy, Maison, Couronne de France , & de ses Finances.

E D I C T

EDICT DV ROY,

Pour la peine des Faux-fauniers.

Donné à S. Germain en Laye le 22. Février 1667.

LOVIS par la grace de Dieu Roy de France & de Nauarre, à tous ceux qui ces prefentes Lettres verront, Salut. Nôtre Edit fait au mois de Iuin 1660. pour remedier au Faux-faunage, ayant receû quelque difficulté à l'égard des peines ordonnées contre les Faux-fauniers, & leurs complices, Nous les auons moderées par nos Lettres de Declaration du 17. Février 1663. afin que les Officiers de nos Greniers les obferuaffent indifpenfablement contre les coupables, & empêchaffent la continuation des defordres que les faineans, vagabonds, & gens fans aveu, ny domicile, apportent à noftre Ferme generale des Gabelles de France. Et pour cét effet nous augmentâmes les amendes contre ceux qui faifoient le faux-faunage à porte-col à la fomme de 300. liv. & au lieu qu'à faute de les payer dans le delay d'vn mois, nous les auions conuertis en la peine de trois ans de Galeres, nous la moderâmes au foüet, & à la flétriffure portée par le fixiéme Article dudit Edict : Et quant à ceux qui faifoient le faux-faunage auec cheuaux, harnois, & bâteaux, nous conuertîmes la peine des Galeres à perpetuité, à cinq ans feulement : Mais parce que les Officiers de nos Greniers de païs limitrophes des Prouinces redimées defdits droits de Gabelles, nous ont de temps en temps fait entendre les difficultez qui fe rencontrent en l'execution de ladite Declaration, & qu'apres les auoir fait examiner en noftre Confeil, nous auons trouué qu'il n'eftoit pas moins important d'y pouruoir pour la conferuation des droits de noftredite Ferme, que pour preuenir l'impunité defdits Faux-fauniers; dautant que comme ils interjettent appel des Sentences contr'eux renduës, lefdits Officiers y deferent, & les Commis de noftre Fermier general negligent de faire conduire les condamnez aux Conciergeries de nos Cours des Aydes, en forte que par la conniuence defdits Officiers & Commis lefdits Faux-fauniers s'éuadent des Prifons defdits Greniers, ou font enleuez des mains de ceux aufquels

N

quels

quels la conduite en eſt commiſe ; & comme nous n'auons ordonné les peines portées par leſdits Edict & Declaration, que pour empêcher le faux-ſaunage, & que nous eſperons des ſoins de nos Officiers qu'ils en preuiendront les deſordres par de moindres peines s'ils s'y appliquent auec affection & exactitude, Nous auons reſolu de les moderer encore par ces preſentes, meſme à l'égard de ceux qui font le faux-ſaunage à port d'armes. A CES CAVSES, de l'avis de noſtre Conſeil, & de noſtre certaine ſcience, pleine puiſſance, & authorité Royale, Nous auons par ceſdites preſentes ſignées de noſtre main, dit & ordonné, diſons & ordonnons voulons & nous plait ; que l'amende de trois cens liures portée par noſdites Lettres de Declaration du dix-ſeptiéme Fevrier mil ſix cens ſoixante trois, regiſtrée en noſtre Cour des Aydes le dernier Decembre audit an , contre les Faux-ſauniers à porte-col, ſoit moderée à deux cens liures, que les condamnez ſeront tenus de payer dans vn mois du iour de la prononciation de leurs Sentences, laquelle ſera faite vingt quatre heures apres qu'elles auront eſté renduës, ſuiuant le ſeptiéme Article dudit Edict du mois de Iuin mil ſix cens ſoixante ; & qu'à faute de payer ladite ſomme, ils ſoient fuſtigez & fleſtris, conformément au ſixiéme Article d'iceluy : Et en cas qu'ils conſignent ladite ſomme de deux cens liures , dans ledit temps d'vn mois , Nous voulons qu'il ſoit deferé à leur appel, & qu'ils ſoient conduits inceſſamment aux Conciergeries de nos Cours des Aydes , & les frais deſdites conduites pris ſur les conſignations qu'ils auront faites ; ſinon qu'il ſoit paſſé outre l'execution deſdites Sentences, nonobſtant l'appel ; Et qu'en cas de recidiue , ils ſoient condamnez en trois ans de Galleres , & en trois cens liures d'amende , qu'ils conſigneront en cas d'appel dans ledit temps d'vn mois , ſur laquelle conſignation les frais de leur conduite ſeront pris ; ſinon ledit temps d'vn mois paſſé, ladite condamnation de trois ans de Galleres ſera executée, nonobſtant ledit appel : Et à l'eſgard de ceux qui feront le Faux-ſaunage auec Cheuaux, Harnois & Batteaux ſans Armes, Nous auons moderé la peine de 5. ans de galleres à 300. liv. d'amende pour la premiere fois, laquelle ils payeront dans led. temps d'vn mois ; ſinon Nous auons dés à preſent conuerty lad. condamnation en cinq ans de galleres, & ordonné qu'ils ſeront executez, nonobſtant appel ; & s'ils conſignent, il ſera deferé à l'appel, & les frais de la conduite pris ſur ladite conſignation ; & ſi leſdits Faux-ſauniers à porte col , & ceux qui feront

ront le Faux-ſaunage à Cheuaux, Harnois & Batteaux , viennent
à recidiuer, Nous voulons qu'ils ſoient condamnez auſdites Galleres
à perpetuité, & en quatre cens liures d'amende , & que les Sentences
qui ſeront contr'eux renduës ſoient executées, nonobſtant l'appel auquel il ſera deferé en conſignant leſdites ſommes dans le mois , & les
frais des conduites pris ſur icelles. Et quoy que les Faux-ſauniers à
port d'Armes ſoient puniſſables de mort, ſuiuant nos anciennes Ordonnances, meſme à celles de 1639. & 1660. Nous auons moderé
ladite peine à cinq cens liures d'amende, & en neuf ans de galleres;
à la charge neantmoins qu'il pourront eſtre receûs appellans deſdites
Sentences, en conſignant ladite amende dans vn mois, comme dit eſt,
ſur leſquels cinq cens liures, ſeront pris les frais de leur conduite; ſinon
ledit temps paſſé, leſdites Sentences ſeront executées, nonobſtant l'appel, ſauf neantmoins à nos Cours des Aydes en iugeant leſdites appellations à prononcer, ſur la reſtitution deſdites conſignations, s'il y
eſchet ſans qu'ils les puiſſent moderer, ny leſdites peines, en cas qu'il
y ait preuue. Et quant au ſurplus de noſtredit Edict du mois de Iuin
mil ſix cens ſoixante, & à ladite Declaration du dix-ſeptiéme Fevrier
mil ſix cens ſoixante trois, Nous voulons qu'ils ſoient executez ſelon
leur forme & teneur. Enjoignons aux Subſtituts de nos Procureurs
Generaux eſdits Greniers, de requerir leſdites condamnations contre
les coupables, & aux Officiers d'iceux de les ordonner à peine de priuation de leurs Charges, & de reſpondre en leurs noms des droits de
ladite Fermes. Si DONNONS EN MANDEMENT à nos Amez
& Feaux Conſeillers les gens tenans noſtre Cour des Aydes à Paris,
que ces preſentes ils ayent à faire lire, publier, regiſtrer & executer,
ſelon leur forme & teneur, ſans ſouffrir qu'il y ſoit contreuenu, nonobſtant tous Edicts, Declarations, & autres choſes contraires ; à
quoy Nous auons expreſſement derogé & derogeons. CAR tel eſt
noſtre plaiſir. En témoin dequoy Nous auons fait mettre noſtre Seel
à ceſdites preſentes. Donné à S. Germain en Laye, le 22. iour de Fevrier, l'an de Grace mil ſix cens ſoixante ſept, & de noſtre regne le
vingt-quatriéme. Signé, LOVIS. Et plus bas, par le Roy,

PHELIPEAVX. Et ſcellé.

Leuë, Publiée & Regiſtrée du tres-exprés commandement du Roy, porté par Monſieur le Duc d'Enguyen, Prince du Sang, aſſiſté du ſieur d'Eſtampes, Mareſchal de France, & du ſieur Puſſort, Conſeiller ordinaire du Roy en ſes Conſeils, & Roüillé auſſi Conſeiller du Roy en ſeſdits Conſeils, & Maiſtre des Requeſtes ordinaires de ſon Hoſtel, ouy, & ce requerant ſon Procureur General, pour eſtre executée ſelon ſa forme & teneur : & ordonné que Copies collationnées ſeront enuoyées és Sieges des Greniers à ſel du reſſort de la Cour, pour y eſtre parcillement leuës, publiées & regiſtrées. Enjoint aux Subſtituts dudit Procureur General du Roy, de faire toutes diligences, & requiſitions à ce neceſſaires, & d'en certifier la Cour au mois. A Paris en la Cour des Aydes, les Chambres aſſemblées, le 20. jour d'Avril mil ſix cens ſoixante-ſept.

BOVCHER.

Collationné à l'original par moy Conſeiller Secretaire du Roy, Maiſon, Couronne de France & de ſes Finances.

EDICT

EDICT DV ROY,

Portant Suppreſſion de pluſieurs Offices des Traites Foraines.

Donné à S. Germain en Laye, au mois de Mars 1667.

LOVIS par la grace de Dieu Roy de France & de Nauarre, à tous preſens & à venir, SALVT. Les Receueurs & Controlleurs Generaux & Particuliers, anciens Alternatifs & Triannaux de nos Fermes des Traites Foraines & Domaniales, & de noſtre Doüane de Lyon, & les autres menus Officiers créez pour la regie d'icelles, en toutes les Prouinces & lieux où elles ont cours, n'en ayant eu l'adminiſtration que juſques aux premiers Baux, qui en furent faits juſques en 1596. à cauſe qu'entre les conditions d'iceux, il fut accordé aux Adjudicataires qu'il leur ſeroit loiſible d'en faire receuoir les droits par telles perſonnes qu'ils auiſeroient: Les pourueus deſdits Offices de Receueurs & Controlleurs en nos Generalitez de Champagne & Picardie preſenterent leur requeſte à noſtre Conſeil le 2. Septembre 1599. à fin de rembourſement de leur finance, ſur laquelle ils obtinrent Arreſt le meſme jour, portant qu'il ſeroient payez de leurs gages durant ladite année, & que la ſuiuante il ſeroit pourveu à leur rembourſement ſur le fonds deſdites Fermes. Ce qui n'ayant pû eſtre executé à l'égard dudit rembourſement, il fut expedié des Lettres les 19. Iuin 1600. & 17. Decembre 1605. pour la continuation du payement de leurs gages, & la liberté de diſpoſer de leurs Oſſices, & par leurs veufves, enfans & heritiers; leſquelles furent regiſtrées en nos Chambres des Comptes de Paris & Roüen, & leurſdits gages employez dans les Eſtats de diſtribution du pris deſdites Fermes. De ſorte que les choſes demeurerent en cét eſtat juſques en l'année 1644. que par Edit du mois d'Aouſt nous ſupprimaſmes les Offices de nos Iuges, Procureurs & Avocats des Traites d'Anjou, & les Receueurs & Controlleurs Generaux & Particuliers, anciens Alternatifs & Triannaux, & ordonnaſmes, qu'ils ſeroient rembourſez de leur Finance, ſuiuant la liquidation qui en ſeroit faite par le Com-

O   miſſaire

miſſaire que nous deputerions à cét effet : lequel Edit fut reuoqué à l'égard de noſdits Iuges, & Procureurs, par Declaration ſubſequente, parce que nous reconnuſmes l'vtilité de leurs fonctions : mais il ne pûr eſtre executé à l'égard deſdits Receueurs & Controlleurs , que pour la liquidation de la Finance d'aucuns deſdits Offices , ſans qu'il ayt eſté pourueu à leur rembourſement , à cauſe que le fonds en fut diuerti pour des deſpences plus preſſantes. Ce qui nous obligea de faire employer dans les Eſtats deſdites Fermes, la ſomme de dixhuit mille tant de liures, à laquelle nous eualuaſmes le fonds de deux quartiers de leurs gages , & de leur laiſſer la joüiſſance des droits qui leur eſtoient attribuez. Et parce que les Proprietaires deſdites Offices renouuellent leurs oppoſitions à chacun de nos Baux; qu'elles ſeruent de pretexte aux modifications que nos Cours des Aydes apportent à l'execution d'iceux; & que nous eſtimons qu'il ſera plus auantageux auſdits Proprietaires de receuoir leur remboursement que de garder plus long-temps vn titre ſans fonction : Nous auons reſolu de mettre la derniere main à la ſuppreſſion deſdits Offices , & quant à noſdits Iuges des Traites d'Anjou , ceux de noſtre Doüane de Lyon , & aux Maiſtres des Ports , & leurs Lieutenans de nos Prouinces de Champagne , Picardie, Normandie, Bourgogne, Poictou, Prouence & Languedoc , comme leurs fonctions ſont neceſſaires pour la manutention de nos droits, Nous auons creu les y deuoir maintenir, à condition neantmoins que les appellations de leurs Sentences reſſortiront ſans moyen en nos Cours Souueraines, & qu'ils ne pourront perceuoir aucuns droits ſur les negocians , pour les acquits & congez qu'ils verifieront. A CES CAVSES, & autres bonnes conſiderations à ce Nous mouuans, apres auoir fait mettre cette affaire en deliberation en noſtre Conſeil, de l'avis d'iceluy, & de noſtre certaine ſcience , pleine puiſſance,& authorité Royale, Nous auons par ces preſentes ſignées de noſtre main, reuoqué, eſteint, & ſupprimé, reuoquons, eſteignons, & ſupprimons les Edits de Creation deſdits Offices de Receueurs & Controlleurs Generaux & Particuliers, anciens Alternatifs & Triannaux de noſdites Fermes des Traites Foraines & Domaniales , & de noſtre Doüane de Lyon , auec les Offices de Viſiteurs, Meſureurs & Peſeurs, Scelleurs, Concierges des Bureaux, Gardes, & autres créez par diuers Edits en noſdites Prouinces de Normandie, Picardie, Champagne , Bourgogne, Poictiers, Lyon, Dauphiné, Languedoc & Prouences vence ; & ordonné que celuy de suppreſſion deſdits Receueurs & Controlleurs deſdites Traites d'Anjou de ladite année 1644. ſera executé, auec ces preſentes, ſelon leur forme & teneur : ce faiſant, que par les Commiſſaires qui ſeront par Nous deputez, il ſera procedé à la liquidation de la Finance deſdits Offices, pour en eſtre les Proprietaires rembourſez ainſi, & ſur le pied qu'il ſera par Nous ordonné, en rapportant leurs prouiſions & quittances de Finance ſeulement, ſans être tenus d'obtenir d'Acquits patents, ny Avis de Finance, dont Nous les diſpenſons. Et à l'égard de nos Maiſtres des Ports, leurs Lieutenans, nos Procureurs & les Greffiers deſdites Fermes, Nous les auons maintenus en la fonction de leurs charges pour en joüir ; ſçauoir, nos Maiſtres des Ports, leurs Lieutenans, nos Procureurs en chacun Siege ſuiuant les anciens Edits de Creation de leurs Offices, à la charge que les appellations des Sentences de leurs Lieutenans en la Prouince de Normandie reſſortiront ſans moyen en nos Cours des Aydes, & autres, deſquelles ils dependent, nonobſtant les Edits de Creation deſdits Offices de Maiſtres des Ports, auſquels, & aux derogatoires d'iceux, Nous auons dérogé pour ce regard. Comme auſſi nous auons maintenu leſdits Iuges & Procureurs des Traites d'Anjou en la fonction de leurſdits Offices, conformément à l'Edit de leur Creation, & à la Declaration de leur reſtabliſſement, & noſdits Iuges & Procureurs de la Doüane de Lyon, ſuiuant l'Edit du mois de Mars 1563. à la charge neantmoins que noſdits Maiſtres des Ports & leurs Lieutenans ne pourront prendre aucuns droits ſur les negocians pour l'expedition & verification de leurs aquits & congez, nonobſtant que leſdits droits leur ſoient attribuez, ce que Nous leur deffendons tres-expreſſément, ſauf à eſtre pourveû à leur indemnité, en cas qu'ils ayent financé pour raiſon de ce. Enjoignons auſdits Officiers & à chacun d'eux de juger les differens qui interuiendront pour raiſon deſdits droits, ſommairement, ſans ſe départir neantmoins de la rigueur de nos Ordonnances, & des conditions deſdits Baux, à peine d'en répondre en leurs propres & priuez noms. SI DONNONS EN MANDEMENT à nos amez & feaux Conſeillers, les gens tenant noſtre Chambre des Comptes, & Cour des Aydes à Paris, que ceſdites preſentes ils faſſent lire, publier, & enregiſtrer, purement & ſimplement ſans aucune modification, ny reſtriction, pour eſtre executées ſelon leur forme & teneur, nonobſtant tous Edits, Arreſts & autres actes, oppoſitions, appellations, empeſchemens quel

conques,

conques, & autres chofes à ce contraires, aufquelles Nous auons dérogé par cefdites prefentes. CAR tel eft nôtre plaifir. Et afin que ce foit
chofe ferme & ftable à toûjours, Nous y auons fait mettre noftre Seel.
Donné à S. Germain en Laye, au mois de Mars, l'an de grace 1667.
& de noftre regne le 24. Signé LOVIS. Et plus bas , Par le Roy,
DE GVENEGAVD. Et feellé fur lacs de foye rouge & verte.

Vifa , SEGVIER , pour feruir aux Lettres Patentes en forme d'Edit ,
portant fuppreffion de plufieurs Offices des Traites Foraines.

Leu, publié & regiftré en la Chambre des Comptes, ouy, & ce requerant
le Procureur General du Roy , de l'ordre de fa Majefté , porté par Mon-
fieur fon Frere vnique Duc d'Orleans, venu exprés en ladite Chambre,
affifté du Sieur du Pleffis- Praflain Marefchal de France , & des Sieurs
Daligre & Hotman Confeillers d'Eftat, le vingtiéme Auril 1667.

Signé , RICHER.

Leu , publié & regiftré , du tres-exprés commandement du
Roy , porté par Monfieur le Duc d'Enguyen , Prince du Sang ,
affifté du Sieur d'Eftampes Marefchal de France , & des Sieurs Puf-
fort Confeiller ordinaire du Roy en fes Confeils,& Roüillé auffi Confeiller du Roy en fes Confeils , & Maiftres des Requeftes ordinaires
de fon Hoftel : Oüy , & ce requerant fon Procureur General, pour
eftre executé felon fa forme & teneur. Et ordonné que cópies collationnées feront enuoyées és Sieges des Elections du reffort de la
Cour, pour y eftre pareillement leuës, publiées & regiftrées : Enjoint
au Subftitut dudit Procureur General du Roy , de faire toutes diligences & requifitions à ce neceffaire, & d'en certifier la Cour au
mois. A Paris en la Cour des Aydes, les Chambres affemblées, le
vingtiéme iour d'Auril 1667. Signé, BOVCHER.

Collationné à l'Original par moy Confeiller
Secretaire du Roy, Maifon, & Couronne
de France , & de fes Finances.

DECLA

DECLARATION DV ROY,
POVR LE NOVVEAV TARIF.

Donnée à S. Germain en Laye, du 18. iour d'Avril 1667.

LOVIS par la grace de Dieu Roy de France & de Nauarre : A tous ceux qui ces presentes Lettres verront, SALVT. L'affection que nous auons pour le rétablissement & l'augmentation du commerce nous auroit obligez en l'année 1664. de pourvoir à la reformation des droits qui se leuent sur les Marchandises qui entrent & sortent de nostre Royaume, & de faire proceder à cet effet à nouueau Tarif. Et depuis ayant consideré l'incommodité & prejudice que nos sujets des Parroisses de nos Prouinces de Berry & Bourbonnois, enclauées dans celles d'Auuergne & la Marche, reçoiuent de la leuée des droits de sortie sur les vins desdites Prouinces, & sur l'entrée des bestiaux desdites Parroisses enclavées; Nous aurions resolu pour le soulagement de nos sujets, & plus grande facilité de leur commerce, de les décharger desdits droits, montans par chacun an à deux cens cinquante mille liures. Et d'ailleurs, ayant esté particulierement informez que l'augmentation du commerce & establissement de diuerses Manufactures dans nostre Royaume en ont changé notablement le prix, Nous aurions resolu de faire proceder à nouuelle taxe sur aucunes marchandises entrant & sortant par les Bureaux de nos cinq grosses Fermes, & par ceux de la Doüane de Lyon. A CES CAVSES, de l'avis de nostre Conseil, & de nostre certaine science, pleine puissance, & authorité Royale, nous auons dit & ordonné; & par ces presentes signées de nostre main, disons & ordonnons, voulons & nous plaist, qu'à commencer du premier iour de Ianuier dernier, nos sujets des Provinces de Berry & Bourbonnois, soient & demeurent déchargez, comme par ces presentes Nous les déchargeons du payement des droits portez par nostre Tarif du mois de Septembre 1664. pour les vins sortans desdites Prouinces, & les Habitans des Parroisses enclavées dans lesdites Prouinces; & celles d'Auvergne & la Marche, des droits d'Entrée & sortie sur leurs Bestiaux. Et à l'égard des marchandises cy-aprés

P

mention

mentionnées, les droits en seront perceûs, à commencer au premier jour de May prochain, à l'entrée & sortie de nostre Royaume, & des Prouinces reputées Estrangeres, & par les Bureaux de nostre Doüane de Lyon; Sçauoir à l'entrée,

Pour chacun cent pesant de Baleine coupée & apprestée, la somme de · 15 liures.

Le cent de Fanons en nombre, grands & petits, du poids de trois cens liures, ou enuiron, 30 liu.

Pour chacune Piece de Boracan de 22. aulnes, manufacturée dans nostre Royaume, sera payé, en rapportant certificat en bonne & deuë forme, du lieu où elles auront esté fabriquées, 3 liu.

Pour chaque piece de Boracan Etranger de 22. aulnes, 8 liu.

Pour chaque paire de bas de soye, 2 liu.

Pour chaque douzaine de paires de bas d'Estame & de Laine, grands & petits, 8 liu.

Pour la douzaine de Paires de bas de cotton, l'vne portant l'autre, 4 liu.

Pour chaque piece de Bayette d'Angleterre de 25 aulnes, 10. liu.

Pour chaque piece de Bayette de 50 aulnes, double, 30 liu.

Pour cent pesant de Bonnets de laine de toutes sortes, 20 liu.

Pour chaque piece de Burail croisé de 25 aulnes, 8 liu.

Pour chaque piece simple de Burail de Flandres de 25. aulnes, 8 liu.

Bufles, Elans & Cerfs passez en Bufles, Colets & Coletins de Bufles, le cent pesant, 40 liu.

Chamois ou peaux de Chévreaux, Moutons habillez en blanc ou jaune en façon de Chamois, la douzaine, 3 liu.

Camelots de Hollande, de Flandres, & demy-soye, la piece de 20 aulnes, 12 liu.

Camelots de l'Isle, & autres Païs Estrangers, la piece de 20 aulnes, 6 liu.

Charbon de terre, le baril, 1 liu. 4. f.

Crespes lices, & autres de toutes sortes, entrans par les Bureaux des cinq grosses Fermes, & Doüane de Lyon, payeront à raison de trente pour cent de la valeur.

Cuirs dorez, le cent pesant. 30 liures.

Cuirs de bœufs tannez, de toutes sortes, la douzaine, 14 liu.

Cuirs de Vaches, la douzaine, 7 liu.

Peaux de Veaux tannez, la douzaine, 18 sols.

Peaux de Veaux corroyez, la douzaine, 1 liu. 15 sols.

Peaux

Peaux de Chévres appreftées, la douzaine,   18 fols.

Dentelles de foye & de guipures, venans de Flandres, Angleterre, &
autres lieux, la livre pefant,   8 liures.

Dentelles de fil, Point-coupé, Paffement de Flandres, Angleterre, &
autres lieux, la livre pefant,   50 l.

Draps d'Efpagne, la piece de 30. aulnes,   100 liures.

Draps demis du Païs d'Angleterre, appellez douzaine, de la valeur
de 8. liures l'aulne, & au deffous, la piece de 9 à 10 aulnes, 10 liu.

Draps de Hollande & Angleterre de toutes fortes de couleurs, la piece de 25 aulnes,   80 liures.

Le fer blanc, le baril de 450 feüilles doubles, entrant par les Bureaux
des cinq groffes Fermes, & par ceux de la Doüane de Lyon, paye-
ra au lieu de ce qui eft porté par les Tarifs defdites Fermes, 30 liu.
Et le baril à fimple feüille à proportion.

Frize d'Efpagne & de Flandres, la piece de 20 aulnes,   16 liu.

Frize feche d'Angleterre, la piece de 18 aulnes,   7 liu.

Frize blanche appellée de Coton, qui fe vend à la gode, le cent de
gode faifant 125 aulnes,   34 liures.

Frizon d'Angleterre, la piece de 13 aulnes,   3 liu.

Glaces de Miroirs de 30 pouces & au deffus,   25 liures.

Glaces de 20 à 30 pouces,   15 liu.

Glaces de 20 pouces jufques à 14, la piece,   8 liures.

Glaces de 12 pouces & aux deffous, la douzaine,   9 liu.

Huiles de Baleines ou graiffes d'autres poiffons, chacune barique venant de Païs Eftrangers,   12 liures.

Mouletons d'Angleterre doubles, ou doubles Crezeaux frizez ou vins,
la piece de 25 aulnes,   12 liu.

Poil de Chevre, le quintal,   12 fols.

Peaux de Beufs & Vaches paffez en Bufles ou appreftez en couleur,
la piece,   1 liu. 10 fols.

Le cent pefant de Savon de toutes fortes, venant des païs Eftrangers,   7 liures.

Le cent pefant de Savon noir & vert, mol & liquide,   5 liu.

Serge de Seigneur & d'Afcot, l'Ifle, Cipre, Angleterre, & autres païs
Eftrangers, la piece de 20 aulnes,   12 livres.

Serge drapée contrefaite de Florence, Angleterre, & autres Païs, blanche ou teinte, Ratine de Florence, la piece depuis treize aulnes
jufques

jufques à quinze,   15 liures.

Serge d'Efcolfe demy-étroite, blanche ou teinte, neuve ou vieille, appellée Plaidin, la piece de 25 aulnes,   4 livres.

Les Sucres raffinez, en pain ou en poudre, Candis blancs & bruns venans des Païs Eftrangers, payeront pour chacun cent pefant, fuiuant l'Arreft de noftre Confeil, du 16. Septembre 1665. 32 l. 10 f.

Toute Caffonnade blanche ou grife, fine ou moyenne, venant de Brezil pour chacun cent pefant,   15 liures.

Les Mafcovades dudit Pays, pour chacun cent pefant,   7 liu. 10 fols.

Les Barboudes, Pannelles, & Sucre de S. Thomé, pour chacun cent pefant,   6 liures.

Les Sucres des Ifles des Colonies Françoifes de l'Amerique, de quelque qualité qu'ils foient, pour chacun cent pefant,   4 liures.

Toiles de Hollande, Baptifte, Cambray, Gand, & autres femblables, fines & ouurées, foit écruës, jaunes, blanches & bazettes, tant fines, moyennes que groffes, la piece de quinze aulnes,   4 liu.

Le Tapis velu de Turquie, d'Angleterre ou d'ailleurs, la piece,   7 liu. Et les plus grands à proportion, à raifon de dix pour cent de leur valeur.

Les Tapis d'Angleterre pour faire chaife & emmeublemens, le cent pefant,   50 l.

Les Tapis d'Allemagne, & Tapis quarrez de laine, la piece l'vn portant l'autre,   3 liu.

Les Tapifferies d'Oudenarde, neuves & vieilles, & autres lieux de Flandres, excepté Anuers & Bruxelles, le cent pefant,   100 liu.

Les Tapifferies vieilles & neuves d'Anuers & Bruxelles, le cent pefant,   200 liu.

Et à l'égard des forties, Cuirs de Beufs, Vaches du pays avec le poil, la douzaine,   6 liu.

Peaux de Veau à poil, la douzaine,   1 liu.

Peaux de Boucs & Chevres non appreftées,   12 fols.

Poil de Chevre, le cent pefant,   2 liu. 10 fols.

Tous lefquels droits Nous voulons eftre payez au premier Bureau d'entrée de noftre Royaume de nos Provinces reputées Eftrangeres, & des Bureaux de noftre Doüane de Lyon, en la mefme maniere que fe leuent nos droits defdites Fermes, & fous les mefmes peines de confifcation des marchandifes, & d'amendes portées par les anciens Reglemens,

Reglemens, & par noſtre Edit du mois de Septembre 1664. nonobſtant & ſans avoir égard au Tarif arreſté en noſtre Conſeil le 18. dudit mois de Septembre, auquel nous auons dérogé & dérogeons pour le regard des marchandiſes contenuës aux preſentes ſeulement. Voulons au ſurplus qu'il ſorte ſon plein & entier effet; & que Maiſtre Iean Martinant noſtre Fermier des cinq groſſes Fermes, Doüane de Lyon, & autres Fermes vnies, perçoiue & iouyſſe, en conſequence de ſon Bail, deſdits droits, ſuiuant & ainſi qu'il eſt cy-deſſus ſpecifié. SI DONNONS EN MANDEMENT à nos amez & feaux Conſeillers les Gens tenans noſtre Chambre des Comptes & Cour des Aydes à Paris, que ces preſentes ils faſſent lire, publier, & regiſtrer, & le contenu en icelles garder & obſeruer ſelon leur forme & teneur; ceſſant & faiſant ceſſer tous troubles & empeſchemens qui pourroient eſtre donnez au contraire. Car tel eſt noſtre plaiſir. En témoin dequoy Nous auons fait mettre noſtre Seel à ceſdites preſentes, données à Saint Germain en Laye, le 18. jour d'Avril, l'an de grace mil ſix cens ſoixante-ſept, & de noſtre regne le vingt-quatriéme.

Signé, LOVIS.

Et plus bas, Par le Roy,

DE GVENEGAVD.

Et ſcellées ſur double queuë dû grand Sceau de cire jaune.

Et encore eſt écrit : *Leuë, publiée, & regiſtrée en la Chambre des Comptes : oüy, & ce requerant le Procureur General du Roy, de l'ordre de ſa Majeſté porté par Monſieur ſon Frere vnique Duc d'Orleans, venu exprés en ladite Chambre, aſſiſté du Sieur du Pleſſis-Praſlain Mareſchal de France, & des Sieurs Daligre & Hotman Conſeillers d'Eſtat, le 20. jour d'Avril mil ſix cens ſoixante-ſept.*

Signé, RICHER.

Leuë, publiée, & regiſtrée du tres-exprés commandement du Roy, porté par Monſieur le Duc d'Enguyen Prince du Sang, aſſiſté du Sieur d'Eſtam-

Q   *pes,*

pes, *Mareschal de France* , & *des Sieurs Puſſort Conſeiller ordinaire du Roy en ſes Conſeils* , & *Roüillé auſſi Conſeiller du Roy en ſeſdits Conſeils* , & *Maiſtre des Requeſtes ordinaire de ſon Hoſtel :* oüy, & *ce requerant ſon Procureur General, pour eſtre executée ſelon ſa forme* & *teneur : Et ordonné que copies collationnées ſeront enuoyées és Sieges des Eſlections* & *Bureaux des Traites Foraines du Reſſort de ladite Cour , pour y eſtre pareillement leuës , publiées ,* & *regiſtrées. Enjoint aux Subſtitut dudit Procureur General du Roy , de faire toutes diligences* & *requiſitions à ce neceſſaires,* & *d'en certifier la Cour au mois. A Paris , en la Cour des Aydes , les Chambres aſſemblées le* 20. *jour d'Avril mil ſix cens ſoixante-ſept.*

Signé , **B O V C H E R.**

Collationné à l'original par moy Conſeiller
Secretaire du Roy, Maiſon, Couronne
de France & de ſes Finances.

IVSSION,

IVSSION,

POVR LA VERIFICATION DV BAIL
des cinq groſſes Fermes.

Donnée à ſaint Germain en Laye le dernier jour de Mars 1667.

LOVIS par la grace de Dieu Roy de France & de Navarre, à nos amez & feaux Conſeillers les gens tenans noſtre Chambre des Comptes à Paris, Salut. Le Bail des droits de ſorties & entrées de noſtre Royaume, & autres Fermes vnies, fait en noſtre Conſeil le 22. Octobre 1664. à Maiſtre Iean Martinant, Fermier general de nos Gabelles de France, a eſté par nous examiné en noſtredit Conſeil avec tant de ſoin, que nous n'eſtimions pas qu'il puſt y avoir aucune ouverture aux modifications que vous y avez apportées par voſtre Arreſt du 11. Decembre dernier, rendu ſur l'enregiſtrement dudit Bail : mais comme nous avons de nouveau reveu ledit Bail, & voſtredit Arreſt, & particuliement les Articles que vous avez modifiez, nous avons jugé que s'ils ſubſiſtoient nos droits ſeroient diminuez, & le prix dudit Bail par conſequent. C'eſt pourquoy nous avons reſolu d'y pourvoir, en vous faiſant ſçavoir noſtre volonté ſur ce ſujet, qui ſera touſiours d'aſſurer le payement des rentes & charges aſſignées ſur leſdites Fermes, ſuivant les Eſtats que nous ferons expedier au premier jour de Ianvier de chacune année, & en vous faiſant fournir autant de l'acte des cautions fournies par ledit Martinant, receu en noſtredit Conſeil, qui ſeront ſoumiſes faute de payement deſdites charges aux contraintes, ainſi qu'il s'eſt pratiqué contre les derniers Adjudicataires deſdites Fermes, & non autrement. A CES CAVSES de l'avis de noſtre Conſeil, nous vous Mandons & ordonnons par ces preſentes, ſignées de noſtre main, qui vous ſerviront de premiere & finale Iuſſion, que

vous

vous ayez à proceder inceſſamment à l'enregiſtrement pur & ſimple dudit Bail du 22. jour d'Octobre 1664. nonobſtant toutes remontrances que vous pourriez nous faire ſur ce ſujet , que nous tenons pour bien entenduës: Voulons neantmoins que ledit Martinant fourniſſe au Greffe de noſtredite Chambre vne expedition en forme de l'Acte de ſes Cautions receuës en noſtredit Conſeil , & que faute de payement des charges ſuivant nos Eſtats , les contraintes ſoyent decernées, ainſi qu'il s'eſt pratiqué à l'encontre des derniers Adjudicataires deſdites Fermes. Enjoignons à noſtre Procureur General en noſtredite Chambre , de tenir la main à l'execution de ceſdites Preſentes , & de nous avertir des contraventions, pour y eſtre par nous pourveu , ainſi qu'il appartiendra. CAR tel eſt noſtre plaiſir. DONNE' à ſaint Germain en Laye le dernier jour de Mars , l'an de grace 1667. Et de noſtre regne le vingtquatriéme. Signé , LOVIS. *Et plus bas*, Par le Roy, DE GVENEGAVD. Et ſeellé du grand Sceau de cire jaune.

Leuës , publiées , & regiſtrées en la Chambre des Comptes : Ouy , & ce requerant le Procureur General du Roy , de l'ordre de ſa Majeſté , porté par Monſieur ſon frere vnique Duc d'Orleans , venu exprez dans ladite Chambre, aſſiſté du Sieur du Pleſſis Praſlain Mareſchal de France , & des Sieurs Daligre & Hotman Conſeillers d'Eſtat , le vingtiéme jour d'Avril 1667.

Signé , RICHER.

Collationné à l'Original , par moy Conſeiller Secretaire du Roy , Maiſon, Couronne de France , & de ſes Finances.

IVSSION,

IVSSION,

SVR LE BAIL DE MARTINANT,
Touchant les cinq grosses Fermes , Convoy de Bourdeaux , & autres y iointes :

Donnée à saint Germain en Laye, le dernier iour de Mars 1667.

LOVIS par la grace de Dieu Roy de France & de Navarre : A nos amez & feaux Conseillers les Gens tenans nostre Cour des Aydes à Paris , Salut. Les soins que nous prismes en l'année 1664. de faire reformer les anciens Tarifs des droits qui se leuent aux sorties & entrées de nostre Royaume sur les marchandises & d'enrées , & de les reduire & moderer en vn seul , & le Bail que nous en fismes faire coniointement auec nos autres Fermes , lesquelles consistent en de pareils droits , Nous persuaderent que les Negocians n'y trouueroient pas moins de soulagement par la moderation desdits droits , que de facilité en leur commerce, par la reünion d'iceux en vn mesme Bail : Nous creusmes aussi qu'apres auoir fait examiner en nostre Conseil les conditions de l'adjudication qui en fut faite à Me Iean Martinant nostre Fermier general des Gabelles le 22. Octobre de ladite année , & icelles renduës conformes aux precedens Baux , vous enregistreriez son Bail, sans y apporter aucunes modifications, parce que nous avions leué par differentes Iussions registrées en nostredite Cour , celles que vous aviez cy-deuant faites sur lesdits Baux. Nous avons neantmoins reconnu par l'Arrest que vous avez donné le 30. Decemb. 1666. sur l'enregistrement dudit Bail, que vous avez modifié plusieurs Articles, dont la pluspart tendent à la diminution desdits droits, & par consequent à la reduction du prix dudit Bail : Ce qu'ayant fait examiner en nostre Conseil, Nous avons iugé à propos d'y pourvoir , en vous faisant sçavoir particulierement nostre intention sur ce sujet. A CES

R   CAVSES,

Causes, de l'advis de noſtredit Conſeil, Nous vous mandons &
ordonnons par ces preſentes, ſignées de noſtre main, qui vous ſerviront de premiere & finale Iuſſion, que vous ayez à proceder à l'enregiſtrement pur & ſimple dudit Bail, à l'exception toutefois de ce qui
enſuit : C'eſt à ſçavoir, que ſur le douziéme Article dudit Bail nous
entendons que la matricule de la marque des Toiles façonnées és
pays limitrophes ſoit gardée au Greffe des Iuges qui connoiſſent du
fait des Traites ; Que ſur le dix-ſeptiéme Article les Commis du Fermier ſeront tenus marquer les Marchandiſes & délivrer leurs Cer-
tificats aux Marchands deſdits lieux limitrophes à la premiere ſom-
mation ; ſinon, permettons auſdits Marchands de faire paſſer leſdites
Marchandiſes d'vn Bureau à autre établis en noſtre Royaume, ſans
pouvoir eſtre confiſquez, en iuſtifiant deſdites ſommations ; Que la
modification faite ſur le cent cinquante-vniéme Article aura lieu ;
Que ſur le cent cinquante-ſept Article, concernant les Declarations
à faire par les Gouverneurs qui vendront leurs vins & grains és lieux
où il n'y aura point de Bureau eſtably, ils les pourront faire pardeuant
les Iuges des lieux ; Que ſur l'Article cent cinquante-huictiéme, Voulons que les Poids & meſures ſoient étallonnées ; Que ſur le cent ſoi-
xante-neuviéme Article, vous pourrez connoiſtre des differens qui
pourront naiſtre entre les Payeurs des Rentes & des Gages, & les
Officiers & Rentiers, ainſi qu'il eſt accouſtumé, ſans que le Fermier
puiſſe eſtre mis en cauſe ; les ſaiſies deſdites Rentes & Gages ne pou-
vant valider en ſes mains, ains en celles deſdits Payeurs ſeulement ;
Que ſur le cent ſoixante-dixiéme Article, les ſaiſies ne pourront eſtre
faites ſur les Marchandiſes qui ſeront déchargées és Bureaux deſdits
Fermiers, ſauf aux Creanciers des Marchands de les ſuivre, & les
ſaiſir eſtant hors deſdits Bureaux ; Que ſur le cent ſoixante-vnziéme
Article, les Iuges des lieux connoiſtront des differens qu'il y aura
pour raiſon des Baſtimens des Bureaux & vſtancilles d'iceux, ſauf
l'appel en noſtredite Cour ; Que ſur le cent ſoixante-quinziéme Article, il en ſera vſé, comme il a eſté fait par les derniers Fermiers. Et
au ſurplus, Voulons que ledit Bail ſoit executé ſelon ſa forme &
teneur, nonobſtant toutes choſes à ce contraires. Enjoignons à
noſtre Procureur General d'y tenir la main, & de nous advertir des
contraventions : Car tel eſt noſtre plaiſir. Donne' à S. Germain en Laye, le dernier iour de Mars, l'an de grace mil ſix cens
ſoixante-

ſoixante-ſept : Et de noſtre regne le vingt-quatriéme. Signé, LOVIS.
Et plus bas , Par le Roy , DE GVENEGAVD.

Et ſcellé du grand Sceau de cire jaune.

Leuë , publiée , & regiſtrée , du tres-exprés Commandement du Roy, porté , par Monſieur le Duc d'Enguyen , Prince du Sang , aſſiſté du Sieur d'Eſtampes Mareſchal de France , & des Sieurs Puſſort Conſeiller ordinaire du Roy en ſes Conſeils , & Roüillé auſſi Conſeiller du Roy en ſeſdits Conſeils , & Maiſtres des Requeſtes ordinaire de ſon Hoſtel : Ouy, & ce requerant le Procureur General , pour eſtre executées ſelon leur forme & teneur : Et ordonné que copies collationnées ſeront enuoyées és Sieges des Elections & Bureaux des Traittes Foraines du reſſort de la Cour, pour y eſtre pareillement leuës , publiées , & regiſtrées. ENIOINT aux Subſtituts du Procureur General du Roy de faire toutes diligences & requiſitions , & d'en certifier la Cour au mois. A Paris en la Cour des Aydes, les Chambres aſſemblées, le 20. jour d'Avril, mil ſix cens ſoixante-ſept.

Signé, BOVCHER.

Collationné à l'original par moy Conſeiller Secretaire
du Roy, Maiſon, Couronne de France & de ſes
Finances.